ALBANEES
WOORDENSCHAT

THEMATISCHE WOORDENLIJST

NEDERLANDS ALBANEES

De meest bruikbare woorden
Om uw woordenschat uit te breiden en
uw taalvaardigheid aan te scherpen

5000 woorden

Thematische woordenschat Nederlands-Albanees - 5000 woorden
Door Andrey Taranov

Woordenlijsten van T&P Books zijn bedoeld om u woorden van een vreemde taal te helpen leren, onthouden, en bestudering. Dit woordenboek is ingedeeld in thema's en behandelt alle belangrijk terreinen van het dagelijkse leven, bedrijven, wetenschap, cultuur, etc.

Het proces van het leren van woorden met behulp van de op thema's gebaseerde aanpak van T&P Books biedt u de volgende voordelen:

- Correct gegroepeerde informatie is bepalend voor succes bij opeenvolgende stadia van het leren van woorden
- De beschikbaarheid van woorden die van dezelfde stam zijn maakt het mogelijk om woordgroepen te onthouden (in plaats van losse woorden)
- Kleine groepen van woorden faciliteren het proces van het aanmaken van associatieve verbindingen, die nodig zijn bij het consolideren van de woordenschat
- Het niveau van talenkennis kan worden ingeschat door het aantal geleerde woorden

Copyright © 2018 T&P Books Publishing

Alle rechten voorbehouden. Niets uit deze uitgave mag worden verveelvoudigd, opgeslagen in een geautomatiseerd gegevensbestand en/of openbaar gemaakt in enige vorm of op enige wijze, hetzij elektronisch, mechanisch, door fotokopieën, opnamen of op enige andere manier zonder voorafgaande schriftelijke toestemming van de uitgever. U mag dit boek niet verspreiden in welk formaat dan ook.

T&P Books Publishing
www.tpbooks.com

ISBN: 978-1-78767-019-8

Dit boek is ook beschikbaar in e-boek formaat.
Gelieve www.tpbooks.com te bezoeken of de belangrijkste online boekwinkels.

ALBANESE WOORDENSCHAT
nieuwe woorden leren

T&P Books woordenlijsten zijn bedoeld om u te helpen vreemde woorden te leren, te onthouden, en te bestuderen. De woordenschat bevat meer dan 5000 veel gebruikte woorden die thematisch geordend zijn.

- De woordenlijst bevat de meest gebruikte woorden
- Aanbevolen als aanvulling bij welke taalcursus dan ook
- Voldoet aan de behoeften van de beginnende en gevorderde student in vreemde talen
- Geschikt voor dagelijks gebruik, bestudering en zelftestactiviteiten
- Maakt het mogelijk om uw woordenschat te evalueren

Bijzondere kenmerken van de woordenschat

- De woorden zijn gerangschikt naar hun betekenis, niet volgens alfabet
- De woorden worden weergegeven in drie kolommen om bestudering en zelftesten te vergemakkelijken
- Woorden in groepen worden verdeeld in kleine blokken om het leerproces te vergemakkelijken
- De woordenschat biedt een handige en eenvoudige beschrijving van elk buitenlands woord

De woordenschat bevat 155 onderwerpen zoals:

Basisconcepten, getallen, kleuren, maanden, seizoenen, meeteenheden, kleding en accessoires, eten & voeding, restaurant, familieleden, verwanten, karakter, gevoelens, emoties, ziekten, stad, dorp, bezienswaardigheden, winkelen, geld, huis, thuis, kantoor, werken op kantoor, import & export, marketing, werk zoeken, sport, onderwijs, computer, internet, gereedschap, natuur, landen, nationaliteiten en meer ...

INHOUDSOPGAVE

Uitspraakgids	9
Afkortingen	10
BASISBEGRIPPEN	11
Basisbegrippen Deel 1	11
1. Voornaamwoorden	11
2. Begroetingen. Begroetingen. Afscheid	11
3. Hoe aan te spreken	12
4. Kardinale getallen. Deel 1	12
5. Kardinale getallen. Deel 2	13
6. Ordinale getallen	14
7. Getallen. Breuken	14
8. Getallen. Eenvoudige berekeningen	14
9. Getallen. Diversen	14
10. De belangrijkste werkwoorden. Deel 1	15
11. De belangrijkste werkwoorden. Deel 2	16
12. De belangrijkste werkwoorden. Deel 3	17
13. De belangrijkste werkwoorden. Deel 4	18
14. Kleuren	19
15. Vragen	19
16. Voorzetsels	20
17. Functiewoorden. Bijwoorden. Deel 1	20
18. Functiewoorden. Bijwoorden. Deel 2	22
Basisbegrippen Deel 2	24
19. Dagen van de week	24
20. Uren. Dag en nacht	24
21. Maanden. Seizoenen	25
22. Meeteenheden	27
23. Containers	28
MENS	29
Mens. Het lichaam	29
24. Hoofd	29
25. Menselijk lichaam	30
Kleding en accessoires	31
26. Bovenkleding. Jassen	31
27. Heren & dames kleding	31

28. Kleding. Ondergoed 32
29. Hoofddeksels 32
30. Schoeisel 32
31. Persoonlijke accessoires 33
32. Kleding. Diversen 33
33. Persoonlijke verzorging. Schoonheidsmiddelen 34
34. Horloges. Klokken 35

Voedsel. Voeding 36

35. Voedsel 36
36. Drankjes 37
37. Groenten 38
38. Vruchten. Noten 39
39. Brood. Snoep 40
40. Bereide gerechten 40
41. Kruiden 41
42. Maaltijden 42
43. Tafelschikking 43
44. Restaurant 43

Familie, verwanten en vrienden 44

45. Persoonlijke informatie. Formulieren 44
46. Familieleden. Verwanten 44

Geneeskunde 46

47. Ziekten 46
48. Symptomen. Behandelingen. Deel 1 47
49. Symptomen. Behandelingen. Deel 2 48
50. Symptomen. Behandelingen. Deel 3 49
51. Artsen 50
52. Geneeskunde. Medicijnen. Accessoires 50

HET MENSELIJKE LEEFGEBIED 52
Stad 52

53. Stad. Het leven in de stad 52
54. Stedelijke instellingen 53
55. Borden 54
56. Stedelijk vervoer 55
57. Bezienswaardigheden 56
58. Winkelen 57
59. Geld 58
60. Post. Postkantoor 59

Woning. Huis. Thuis 60

61. Huis. Elektriciteit 60

62. Villa. Herenhuis	60
63. Appartement	60
64. Meubels. Interieur	61
65. Beddengoed	62
66. Keuken	62
67. Badkamer	63
68. Huishoudelijke apparaten	64

MENSELIJKE ACTIVITEITEN	**65**
Baan. Business. Deel 1	**65**
69. Kantoor. Op kantoor werken	65
70. Bedrijfsprocessen. Deel 1	66
71. Bedrijfsprocessen. Deel 2	67
72. Productie. Werken	68
73. Contract. Overeenstemming	69
74. Import & Export	70
75. Financiën	70
76. Marketing	71
77. Reclame	72
78. Bankieren	72
79. Telefoon. Telefoongesprek	73
80. Mobiele telefoon	74
81. Schrijfbehoeften	74
82. Soorten bedrijven	74

Baan. Business. Deel 2	**77**
83. Show. Tentoonstelling	77
84. Wetenschap. Onderzoek. Wetenschappers	78

Beroepen en ambachten	**80**
85. Zoeken naar werk. Ontslag	80
86. Zakenmensen	80
87. Dienstverlenende beroepen	81
88. Militaire beroepen en rangen	82
89. Ambtenaren. Priesters	83
90. Agrarische beroepen	83
91. Kunst beroepen	84
92. Verschillende beroepen	84
93. Beroepen. Sociale status	86

Onderwijs	**87**
94. School	87
95. Hogeschool. Universiteit	88
96. Wetenschappen. Disciplines	89
97. Schrift. Spelling	89
98. Vreemde talen	90

Rusten. Entertainment. Reizen 92

99. Trip. Reizen 92
100. Hotel 92

TECHNISCHE APPARATUUR. VERVOER 94
Technische apparatuur 94

101. Computer 94
102. Internet. E-mail 95
103. Elektriciteit 96
104. Gereedschappen 96

Vervoer 99

105. Vliegtuig 99
106. Trein 100
107. Schip 101
108. Vliegveld 102

Gebeurtenissen in het leven 104

109. Vakanties. Evenement 104
110. Begrafenissen. Begrafenis 105
111. Oorlog. Soldaten 105
112. Oorlog. Militaire acties. Deel 1 106
113. Oorlog. Militaire acties. Deel 2 108
114. Wapens 109
115. Oude mensen 111
116. Middeleeuwen 112
117. Leider. Baas. Autoriteiten 113
118. De wet overtreden. Criminelen. Deel 1 114
119. De wet overtreden. Criminelen. Deel 2 115
120. Politie. Wet. Deel 1 116
121. Politie. Wet. Deel 2 117

NATUUR 119
De Aarde. Deel 1 119

122. De kosmische ruimte 119
123. De Aarde 120
124. Windrichtingen 121
125. Zee. Oceaan 121
126. Namen van zeeën en oceanen 122
127. Bergen 123
128. Bergen namen 124
129. Rivieren 124
130. Namen van rivieren 125
131. Bos 125
132. Natuurlijke hulpbronnen 126

7

De Aarde. Deel 2	128
133. Weer	128
134. Zwaar weer. Natuurrampen	129

Fauna	130
135. Zoogdieren. Roofdieren	130
136. Wilde dieren	130
137. Huisdieren	131
138. Vogels	132
139. Vis. Zeedieren	134
140. Amfibieën. Reptielen	134
141. Insecten	135

Flora	136
142. Bomen	136
143. Heesters	136
144. Vruchten. Bessen	137
145. Bloemen. Planten	138
146. Granen, graankorrels	139

LANDEN. NATIONALITEITEN	140
147. West-Europa	140
148. Centraal- en Oost-Europa	140
149. Voormalige USSR landen	141
150. Azië	141
151. Noord-Amerika	142
152. Midden- en Zuid-Amerika	142
153. Afrika	143
154. Australië. Oceanië	143
155. Steden	143

UITSPRAAKGIDS

T&P fonetisch alfabet	Albanees voorbeeld	Nederlands voorbeeld
[a]	flas [flas]	acht
[e], [ɛ]	melodi [mɛlodí]	excuseren, hebben
[ə]	kërkoj [kərkój]	formule, wachten
[i]	pikë [píkə]	bidden, tint
[o]	motor [motór]	overeenkomst
[u]	fuqi [fucí]	hoed, doe
[y]	myshk [myʃk]	fuut, uur
[b]	brakë [brákə]	hebben
[c]	oqean [ocɛán]	petje
[d]	adoptoj [adoptój]	Dank u, honderd
[dz]	lexoj [lɛdzój]	zeldzaam
[dʒ]	xham [dʒam]	jeans, jungle
[ð]	dhomë [ðómə]	Stemhebbende dentaal, Engels - there
[f]	i fortë [i fórtə]	feestdag, informeren
[g]	bullgari [buɫgarí]	goal, tango
[h]	jaht [jáht]	het, herhalen
[j]	hyrje [hýrjɛ]	New York, januari
[ɟ]	zgjedh [zɟɛð]	Djengiz Khan
[k]	korik [korík]	kennen, kleur
[l]	lëviz [ləvíz]	delen, luchter
[ɬ]	shkallë [ʃkáɬə]	mallen
[m]	medalje [mɛdáljɛ]	morgen, etmaal
[n]	klan [klan]	nemen, zonder
[ɲ]	spanjoll [spaɲóɬ]	cognac, nieuw
[ŋ]	trung [truŋ]	optelling
[p]	polici [politsí]	parallel, koper
[r]	i erët [i érət]	roepen, breken
[r]	groshë [gróʃə]	korte aangetipte tongpunt- r
[s]	spital [spitál]	spreken, kosten
[ʃ]	shes [ʃɛs]	shampoo, machine
[t]	tapet [tapét]	tomaat, taart
[ts]	batica [batítsa]	niets, plaats
[tʃ]	kaçube [katʃúbɛ]	Tsjechië, cello
[v]	javor [javór]	beloven, schrijven
[z]	horizont [horizónt]	zeven, zesde
[ʒ]	kuzhinë [kuʒínə]	journalist, rouge
[θ]	përkthej [pərkθéj]	Stemloze dentaal, Engels - thank you

AFKORTINGEN
gebruikt in de woordenschat

Nederlandse afkortingen

abn	-	als bijvoeglijk naamwoord
bijv.	-	bijvoorbeeld
bn	-	bijvoeglijk naamwoord
bw	-	bijwoord
enk.	-	enkelvoud
enz.	-	enzovoort
form.	-	formele taal
inform.	-	informele taal
mann.	-	mannelijk
mil.	-	militair
mv.	-	meervoud
on.ww.	-	onovergankelijk werkwoord
ontelb.	-	ontelbaar
ov.	-	over
ov.ww.	-	overgankelijk werkwoord
telb.	-	telbaar
vn	-	voornaamwoord
vrouw.	-	vrouwelijk
vw	-	voegwoord
vz	-	voorzetsel
wisk.	-	wiskunde
ww	-	werkwoord

Nederlandse artikelen

de	-	gemeenschappelijk geslacht
de/het	-	gemeenschappelijk geslacht, onzijdig
het	-	onzijdig

Albanese afkortingen

f	-	vrouwelijk zelfstandig naamwoord
m	-	mannelijk zelfstandig naamwoord
pl	-	meervoud

BASISBEGRIPPEN

Basisbegrippen Deel 1

1. Voornaamwoorden

ik	Unë, mua	[unə], [múa]
jij, je	ti, ty	[ti], [ty]
hij	ai	[aí]
zij, ze	ajo	[ajó]
het	ai	[aí]
wij, we	ne	[nɛ]
jullie	ju	[ju]
zij, ze (mann.)	ata	[atá]
zij, ze (vrouw.)	ato	[ató]

2. Begroetingen. Begroetingen. Afscheid

Hallo! Dag!	Përshëndetje!	[pərʃəndétjɛ!]
Hallo!	Përshëndetje!	[pərʃəndétjɛ!]
Goedemorgen!	Mirëmëngjes!	[mirəmənɟés!]
Goedemiddag!	Mirëdita!	[mirədíta!]
Goedenavond!	Mirëmbrëma!	[mirəmbréma!]
gedag zeggen (groeten)	përshëndes	[pərʃəndés]
Hoi!	Ç'kemi!	[tʃkémi!]
groeten (het)	përshëndetje (f)	[pərʃəndétjɛ]
verwelkomen (ww)	përshëndes	[pərʃəndés]
Hoe gaat het met u?	Si jeni?	[si jéni?]
Hoe is het?	Si je?	[si jɛ?]
Is er nog nieuws?	Çfarë ka të re?	[tʃfárə ká tə ré?]
Tot ziens! (form.)	Mirupafshim!	[mirupáfʃim!]
Doei!	U pafshim!	[u páfʃim!]
Tot snel! Tot ziens!	Shihemi së shpejti!	[ʃíhɛmi sə ʃpéjti!]
Vaarwel!	Lamtumirë!	[lamtumírə!]
afscheid nemen (ww)	përshëndetem	[pərʃəndétɛm]
Tot kijk!	Tungjatjeta!	[tunɟatjéta!]
Dank u!	Faleminderit!	[falɛmindérit!]
Dank u wel!	Faleminderit shumë!	[falɛmindérit ʃúmə!]
Graag gedaan	Të lutem	[tə lútɛm]
Geen dank!	Asgjë!	[asɟé!]
Geen moeite.	Asgjë	[asɟé]

Excuseer me, ... (inform.)	Më fal!	[mə fal!]
Excuseer me, ... (form.)	Më falni!	[mə fálni!]
excuseren (verontschuldigen)	fal	[fal]

zich verontschuldigen	kërkoj falje	[kərkój fáljɛ]
Mijn excuses.	Kërkoj ndjesë	[kərkój ndjésə]
Het spijt me!	Më vjen keq!	[mə vjɛn kɛc!]
vergeven (ww)	fal	[fal]
Maakt niet uit!	S'ka gjë!	[s'ka ɹə!]
alsjeblieft	të lutem	[tə lútɛm]

Vergeet het niet!	Mos harro!	[mos haró!]
Natuurlijk!	Sigurisht!	[siguríʃt!]
Natuurlijk niet!	Sigurisht që jo!	[siguríʃt cə jo!]
Akkoord!	Në rregull!	[nə réguɫ!]
Zo is het genoeg!	Mjafton!	[mjaftón!]

3. Hoe aan te spreken

Excuseer me, ...	Më falni, ...	[mə fálni, ...]
meneer	zotëri	[zotərí]
mevrouw	zonjë	[zóɲə]
juffrouw	zonjushë	[zoɲúʃə]
jongeman	djalë i ri	[djálə i rí]
jongen	djalosh	[djalóʃ]
meisje	vajzë	[vájzə]

4. Kardinale getallen. Deel 1

nul	zero	[zéro]
een	një	[ɲə]
twee	dy	[dy]
drie	tre	[trɛ]
vier	katër	[kátər]

vijf	pesë	[pésə]
zes	gjashtë	[ɹáʃtə]
zeven	shtatë	[ʃtátə]
acht	tetë	[tétə]
negen	nëntë	[nəntə]

tien	dhjetë	[ðjétə]
elf	njëmbëdhjetë	[ɲəmbəðjétə]
twaalf	dymbëdhjetë	[dymbəðjétə]
dertien	trembëdhjetë	[trɛmbəðjétə]
veertien	katërmbëdhjetë	[katərmbəðjétə]

vijftien	pesëmbëdhjetë	[pɛsəmbəðjétə]
zestien	gjashtëmbëdhjetë	[ɹaʃtəmbəðjétə]
zeventien	shtatëmbëdhjetë	[ʃtatəmbəðjétə]
achttien	tetëmbëdhjetë	[tɛtəmbəðjétə]
negentien	nëntëmbëdhjetë	[nəntəmbəðjétə]

twintig	njëzet	[ɲəzét]
eenentwintig	njëzet e një	[ɲəzét ɛ ɲə]
tweeëntwintig	njëzet e dy	[ɲəzét ɛ dy]
drieëntwintig	njëzet e tre	[ɲəzét ɛ trɛ]

dertig	tridhjetë	[triðjétə]
eenendertig	tridhjetë e një	[triðjétə ɛ ɲə]
tweeëndertig	tridhjetë e dy	[triðjétə ɛ dy]
drieëndertig	tridhjetë e tre	[triðjétə ɛ trɛ]

veertig	dyzet	[dyzét]
eenenveertig	dyzet e një	[dyzét ɛ ɲə]
tweeënveertig	dyzet e dy	[dyzét ɛ dy]
drieënveertig	dyzet e tre	[dyzét ɛ trɛ]

vijftig	pesëdhjetë	[pɛsəðjétə]
eenenvijftig	pesëdhjetë e një	[pɛsəðjétə ɛ ɲə]
tweeënvijftig	pesëdhjetë e dy	[pɛsəðjétə ɛ dy]
drieënvijftig	pesëdhjetë e tre	[pɛsəðjétə ɛ trɛ]

zestig	gjashtëdhjetë	[ʝaʃtəðjétə]
eenenzestig	gjashtëdhjetë e një	[ʝaʃtəðjétə ɛ ɲə]
tweeënzestig	gjashtëdhjetë e dy	[ʝaʃtəðjétə ɛ dý]
drieënzestig	gjashtëdhjetë e tre	[ʝaʃtəðjétə ɛ tré]

zeventig	shtatëdhjetë	[ʃtatəðjétə]
eenenzeventig	shtatëdhjetë e një	[ʃtatəðjétə ɛ ɲə]
tweeënzeventig	shtatëdhjetë e dy	[ʃtatəðjétə ɛ dy]
drieënzeventig	shtatëdhjetë e tre	[ʃtatəðjétə ɛ trɛ]

tachtig	tetëdhjetë	[tɛtəðjétə]
eenentachtig	tetëdhjetë e një	[tɛtəðjétə ɛ ɲə]
tweeëntachtig	tetëdhjetë e dy	[tɛtəðjétə ɛ dy]
drieëntachtig	tetëdhjetë e tre	[tɛtəðjétə ɛ trɛ]

negentig	nëntëdhjetë	[nəntəðjétə]
eenennegentig	nëntëdhjetë e një	[nəntəðjétə ɛ ɲə]
tweeënnegentig	nëntëdhjetë e dy	[nəntəðjétə ɛ dy]
drieënnegentig	nëntëdhjetë e tre	[nəntəðjétə ɛ trɛ]

5. Kardinale getallen. Deel 2

honderd	njëqind	[ɲəcínd]
tweehonderd	dyqind	[dycínd]
driehonderd	treqind	[trɛcínd]
vierhonderd	katërqind	[katərcínd]
vijfhonderd	pesëqind	[pɛsəcínd]

zeshonderd	gjashtëqind	[ʝaʃtəcínd]
zevenhonderd	shtatëqind	[ʃtatəcínd]
achthonderd	tetëqind	[tɛtəcínd]
negenhonderd	nëntëqind	[nəntəcínd]
duizend	një mijë	[ɲə míjə]
tweeduizend	dy mijë	[dy míjə]

drieduizend	tre mijë	[trɛ míjə]
tienduizend	dhjetë mijë	[ðjétə míjə]
honderdduizend	njëqind mijë	[ɲəcínd míjə]
miljoen (het)	milion (m)	[milión]
miljard (het)	miliardë (f)	[miliárdə]

6. Ordinale getallen

eerste (bn)	i pari	[i pári]
tweede (bn)	i dyti	[i dýti]
derde (bn)	i treti	[i tréti]
vierde (bn)	i katërti	[i kátərti]
vijfde (bn)	i pesti	[i pésti]
zesde (bn)	i gjashti	[i ɟáʃti]
zevende (bn)	i shtati	[i ʃtáti]
achtste (bn)	i teti	[i téti]
negende (bn)	i nënti	[i nə́nti]
tiende (bn)	i dhjeti	[i ðjéti]

7. Getallen. Breuken

breukgetal (het)	thyesë (f)	[θýɛsə]
half	gjysma	[ɟýsma]
een derde	një e treta	[ɲə ɛ tréta]
kwart	një e katërta	[ɲə ɛ kátərta]
een achtste	një e teta	[ɲə ɛ téta]
een tiende	një e dhjeta	[ɲə ɛ ðjéta]
twee derde	dy të tretat	[dy tə trétat]
driekwart	tre të katërtat	[trɛ tə kátərtat]

8. Getallen. Eenvoudige berekeningen

aftrekking (de)	zbritje (f)	[zbrítjɛ]
aftrekken (ww)	zbres	[zbrɛs]
deling (de)	pjesëtim (m)	[pjɛsətím]
delen (ww)	pjesëtoj	[pjɛsətój]
optelling (de)	mbledhje (f)	[mbléðjɛ]
erbij optellen (bij elkaar voegen)	shtoj	[ʃtoj]
optellen (ww)	mbledh	[mbléð]
vermenigvuldiging (de)	shumëzim (m)	[ʃumǝzím]
vermenigvuldigen (ww)	shumëzoj	[ʃumǝzój]

9. Getallen. Diversen

cijfer (het)	shifër (f)	[ʃífǝr]
nummer (het)	numër (m)	[númǝr]

T&P Books. Thematische woordenschat Nederlands-Albanees - 5000 woorden

telwoord (het)	numerik (m)	[numɛrík]
minteken (het)	minus (m)	[minús]
plusteken (het)	plus (m)	[plus]
formule (de)	formulë (f)	[formúlə]

berekening (de)	llogaritje (f)	[ɫogarítjɛ]
tellen (ww)	numëroj	[numərój]
bijrekenen (ww)	llogaris	[ɫogarís]
vergelijken (ww)	krahasoj	[krahasój]

Hoeveel?	Sa?	[sa?]
som (de), totaal (het)	shuma (f)	[ʃúma]
uitkomst (de)	rezultat (m)	[rɛzultát]
rest (de)	mbetje (f)	[mbétjɛ]

enkele (bijv. ~ minuten)	disa	[disá]
weinig (bw)	pak	[pak]
weinig (telb.)	disa	[disá]
een beetje (ontelb.)	pak	[pak]

restant (het)	mbetje (f)	[mbétjɛ]
anderhalf	një e gjysmë (f)	[nə ɛ ɟýsmə]
dozijn (het)	dyzinë (f)	[dyzínə]

middendoor (bw)	përgjysmë	[pərɟýsmə]
even (bw)	gjysmë për gjysmë	[ɟýsmə pər ɟýsmə]
helft (de)	gjysmë (f)	[ɟýsmə]
keer (de)	herë (f)	[hérə]

10. De belangrijkste werkwoorden. Deel 1

aanbevelen (ww)	rekomandoj	[rɛkomandój]
aandringen (ww)	këmbëngul	[kəmbəŋúl]
aankomen (per auto, enz.)	arrij	[aríj]
aanraken (ww)	prek	[prɛk]
adviseren (ww)	këshilloj	[kəʃiɫój]

afdalen (on.ww.)	zbres	[zbrɛs]
afslaan (naar rechts ~)	kthej	[kθej]
antwoorden (ww)	përgjigjem	[pərɟíɟɛm]
bang zijn (ww)	kam frikë	[kam fríkə]
bedreigen (bijv. met een pistool)	kërcënoj	[kərtsənój]

bedriegen (ww)	mashtroj	[maʃtrój]
beëindigen (ww)	përfundoj	[pərfundój]
beginnen (ww)	filloj	[fiɫój]
begrijpen (ww)	kuptoj	[kuptój]
beheren (managen)	drejtoj	[drɛjtój]

beledigen (met scheldwoorden)	fyej	[fýɛj]
beloven (ww)	premtoj	[prɛmtój]
bereiden (koken)	gatuaj	[gatúaj]

15

bespreken (spreken over)	diskutoj	[diskutój]
bestellen (eten ~)	porosis	[porosís]
bestraffen (een stout kind ~)	ndëshkoj	[ndəʃkój]
betalen (ww)	paguaj	[pagúaj]
betekenen (beduiden)	nënkuptoj	[nənkuptój]
betreuren (ww)	pendohem	[pɛndóhɛm]
bevallen (prettig vinden)	pëlqej	[pəlcéj]
bevelen (mil.)	urdhëroj	[urðərój]
bevrijden (stad, enz.)	çliroj	[tʃlirój]
bewaren (ww)	mbaj	[mbáj]
bezitten (ww)	zotëroj	[zotərój]
bidden (praten met God)	lutem	[lútɛm]
binnengaan (een kamer ~)	hyj	[hyj]
breken (ww)	ndahem	[ndáhɛm]
controleren (ww)	kontrolloj	[kontroɫój]
creëren (ww)	krijoj	[krijój]
deelnemen (ww)	marr pjesë	[mar pjésə]
denken (ww)	mendoj	[mɛndój]
doden (ww)	vras	[vras]
doen (ww)	bëj	[bəj]
dorst hebben (ww)	kam etje	[kam étjɛ]

11. De belangrijkste werkwoorden. Deel 2

een hint geven	aludoj	[aludój]
eisen (met klem vragen)	kërkoj	[kərkój]
excuseren (vergeven)	fal	[fal]
existeren (bestaan)	ekzistoj	[ɛkzistój]
gaan (te voet)	ec në këmbë	[ɛts nə kə́mbə]
gaan zitten (ww)	ulem	[úlɛm]
gaan zwemmen	notoj	[notój]
geven (ww)	jap	[jap]
glimlachen (ww)	buzëqesh	[buzəcéʃ]
goed raden (ww)	hamendësoj	[hamɛndəsój]
grappen maken (ww)	bëj shaka	[bəj ʃaká]
graven (ww)	gërmoj	[gərmój]
hebben (ww)	kam	[kam]
helpen (ww)	ndihmoj	[ndihmój]
herhalen (opnieuw zeggen)	përsëris	[pərsərís]
honger hebben (ww)	kam uri	[kam urí]
hopen (ww)	shpresoj	[ʃprɛsój]
horen (waarnemen met het oor)	dëgjoj	[dəɟój]
huilen (wenen)	qaj	[caj]
huren (huis, kamer)	marr me qira	[mar mɛ cirá]
informeren (informatie geven)	informoj	[informój]
instemmen (akkoord gaan)	bie dakord	[bíɛ dakórd]

jagen (ww)	dal për gjah	[dál pər ɟáh]
kennen (kennis hebben van iemand)	njoh	[ɲóh]
kiezen (ww)	zgjedh	[zɟɛð]
klagen (ww)	ankohem	[ankóhɛm]
kosten (ww)	kushton	[kuʃtón]
kunnen (ww)	mund	[mund]
lachen (ww)	qesh	[cɛʃ]
laten vallen (ww)	lëshoj	[ləʃój]
lezen (ww)	lexoj	[lɛdzój]
liefhebben (ww)	dashuroj	[daʃurój]
lunchen (ww)	ha drekë	[ha drékə]
nemen (ww)	marr	[mar]
nodig zijn (ww)	nevojitet	[nɛvojítɛt]

12. De belangrijkste werkwoorden. Deel 3

onderschatten (ww)	nënvlerësoj	[nənvlɛrəsój]
ondertekenen (ww)	nënshkruaj	[nənʃkrúaj]
ontbijten (ww)	ha mëngjes	[ha mənɟés]
openen (ww)	hap	[hap]
ophouden (ww)	ndaloj	[ndalój]
opmerken (zien)	vërej	[vəréj]
opscheppen (ww)	mburrem	[mbúrɛm]
opschrijven (ww)	mbaj shënim	[mbáj ʃəním]
plannen (ww)	planifikoj	[planifikój]
prefereren (verkiezen)	preferoj	[prɛfɛrój]
proberen (trachten)	përpiqem	[pərpícɛm]
redden (ww)	shpëtoj	[ʃpətój]
rekenen op ...	mbështetem ...	[mbəʃtétɛm ...]
rennen (ww)	vrapoj	[vrapój]
reserveren (een hotelkamer ~)	rezervoj	[rɛzɛrvój]
roepen (om hulp)	thërras	[θərás]
schieten (ww)	qëlloj	[cəɫój]
schreeuwen (ww)	bërtas	[bərtás]
schrijven (ww)	shkruaj	[ʃkrúaj]
souperen (ww)	ha darkë	[ha dárkə]
spelen (kinderen)	luaj	[lúaj]
spreken (ww)	flas	[flas]
stelen (ww)	vjedh	[vjɛð]
stoppen (pauzeren)	ndaloj	[ndalój]
studeren (Nederlands ~)	studioj	[studiój]
sturen (zenden)	dërgoj	[dərgój]
tellen (optellen)	numëroj	[numərój]
toebehoren aan ...	përkas ...	[pərkás ...]
toestaan (ww)	lejoj	[lɛjój]
tonen (ww)	tregoj	[trɛgój]

twijfelen (onzeker zijn)	dyshoj	[dyʃój]
uitgaan (ww)	dal	[dal]
uitnodigen (ww)	ftoj	[ftoj]
uitspreken (ww)	shqiptoj	[ʃciptój]
uitvaren tegen (ww)	qortoj	[cortój]

13. De belangrijkste werkwoorden. Deel 4

vallen (ww)	bie	[bíɛ]
vangen (ww)	kap	[kap]
veranderen (anders maken)	ndryshoj	[ndryʃój]
verbaasd zijn (ww)	çuditem	[tʃudítɛm]
verbergen (ww)	fsheh	[fʃéh]
verdedigen (je land ~)	mbroj	[mbrój]
verenigen (ww)	bashkoj	[baʃkój]
vergelijken (ww)	krahasoj	[krahasój]
vergeten (ww)	harroj	[harój]
vergeven (ww)	fal	[fal]
verklaren (uitleggen)	shpjegoj	[ʃpjɛgój]
verkopen (per stuk ~)	shes	[ʃɛs]
vermelden (praten over)	përmend	[pərménd]
versieren (decoreren)	zbukuroj	[zbukurój]
vertalen (ww)	përkthej	[pərkθéj]
vertrouwen (ww)	besoj	[bɛsój]
vervolgen (ww)	vazhdoj	[vaʒdój]
verwarren (met elkaar ~)	ngatërroj	[ŋatərój]
verzoeken (ww)	pyes	[pýɛs]
verzuimen (school, enz.)	humbas	[humbás]
vinden (ww)	gjej	[ɟéj]
vliegen (ww)	fluturoj	[fluturój]
volgen (ww)	ndjek ...	[ndjék ...]
voorstellen (ww)	propozoj	[propozój]
voorzien (verwachten)	parashikoj	[paraʃikój]
vragen (ww)	pyes	[pýɛs]
waarnemen (ww)	vëzhgoj	[vəʒgój]
waarschuwen (ww)	paralajmëroj	[paralajmərój]
wachten (ww)	pres	[prɛs]
weerspreken (ww)	kundërshtoj	[kundərʃtój]
weigeren (ww)	refuzoj	[rɛfuzój]
werken (ww)	punoj	[punój]
weten (ww)	di	[di]
willen (verlangen)	dëshiroj	[dəʃirój]
zeggen (ww)	them	[θɛm]
zich haasten (ww)	nxitoj	[ndzitój]
zich interesseren voor ...	interesohem ...	[intɛrɛsóhɛm ...]
zich vergissen (ww)	gaboj	[gabój]
zich verontschuldigen	kërkoj falje	[kərkój fáljɛ]

zien (ww)	shikoj	[ʃikój]
zijn (ww)	jam	[jam]
zoeken (ww)	kërkoj ...	[kərkój ...]
zwemmen (ww)	notoj	[notój]
zwijgen (ww)	hesht	[hɛʃt]

14. Kleuren

kleur (de)	ngjyrë (f)	[ɲjýrə]
tint (de)	nuancë (f)	[nuántsə]
kleurnuance (de)	tonalitet (m)	[tonalitét]
regenboog (de)	ylber (m)	[ylbér]

wit (bn)	e bardhë	[ɛ bárðə]
zwart (bn)	e zezë	[ɛ zézə]
grijs (bn)	gri	[gri]

groen (bn)	jeshile	[jɛʃílɛ]
geel (bn)	e verdhë	[ɛ vérðə]
rood (bn)	e kuqe	[ɛ kúcɛ]

blauw (bn)	blu	[blu]
lichtblauw (bn)	bojëqielli	[bojəciéɫi]
roze (bn)	rozë	[rózə]
oranje (bn)	portokalli	[portokáɫi]
violet (bn)	bojëvjollcë	[bojəvjóɫtsə]
bruin (bn)	kafe	[káfɛ]

goud (bn)	e artë	[ɛ ártə]
zilverkleurig (bn)	e argjendtë	[ɛ arɟéndtə]

beige (bn)	bezhë	[béʒə]
roomkleurig (bn)	krem	[krɛm]
turkoois (bn)	e bruztë	[ɛ brúztə]
kersrood (bn)	qershi	[cɛrʃí]
lila (bn)	jargavan	[jargaván]
karmijnrood (bn)	e kuqe e thellë	[ɛ kúcɛ ɛ θéɫə]

licht (bn)	e hapur	[ɛ hápur]
donker (bn)	e errët	[ɛ érət]
fel (bn)	e ndritshme	[ɛ ndrítʃmɛ]

kleur-, kleurig (bn)	e ngjyrosur	[ɛ ɲjyrósur]
kleuren- (abn)	ngjyrë	[ɲjýrə]
zwart-wit (bn)	bardhë e zi	[bárðə ɛ zi]
eenkleurig (bn)	njëngjyrëshe	[ɲəɲjýrəʃɛ]
veelkleurig (bn)	shumëngjyrëshe	[ʃumərɲjýrəʃɛ]

15. Vragen

Wie?	Kush?	[kuʃ?]
Wat?	Çka?	[tʃká?]

Waar?	Ku?	[ku?]
Waarheen?	Për ku?	[pər ku?]
Waarvandaan?	Nga ku?	[ŋa ku?]
Wanneer?	Kur?	[kur?]
Waarom?	Pse?	[psɛ?]
Waarom?	Pse?	[psɛ?]
Waarvoor dan ook?	Për çfarë arsye?	[pər tʃfárə arsýɛ?]
Hoe?	Si?	[si?]
Wat voor …?	Çfarë?	[tʃfárə?]
Welk?	Cili?	[tsíli?]
Aan wie?	Kujt?	[kújt?]
Over wie?	Për kë?	[pər kə?]
Waarover?	Për çfarë?	[pər tʃfárə?]
Met wie?	Me kë?	[mɛ kə?]
Hoeveel?	Sa?	[sa?]
Van wie?	Të kujt?	[tə kujt?]

16. Voorzetsels

met (bijv. ~ beleg)	me	[mɛ]
zonder (~ accent)	pa	[pa]
naar (in de richting van)	për në	[pər nə]
over (praten ~)	për	[pər]
voor (in tijd)	përpara	[pərpára]
voor (aan de voorkant)	para …	[pára …]
onder (lager dan)	nën	[nən]
boven (hoger dan)	mbi	[mbí]
op (bovenop)	mbi	[mbí]
van (uit, afkomstig van)	nga	[ŋa]
van (gemaakt van)	nga	[ŋa]
over (bijv. ~ een uur)	për	[pər]
over (over de bovenkant)	sipër	[sípər]

17. Functiewoorden. Bijwoorden. Deel 1

Waar?	Ku?	[ku?]
hier (bw)	këtu	[kətú]
daar (bw)	atje	[atjé]
ergens (bw)	diku	[dikú]
nergens (bw)	askund	[askúnd]
bij … (in de buurt)	afër	[áfər]
bij het raam	tek dritarja	[tɛk dritárja]
Waarheen?	Për ku?	[pər ku?]
hierheen (bw)	këtu	[kətú]

daarheen (bw)	atje	[atjé]
hiervandaan (bw)	nga këtu	[ŋa kətú]
daarvandaan (bw)	nga atje	[ŋa atjɛ]
dichtbij (bw)	pranë	[pránə]
ver (bw)	larg	[larg]
in de buurt (van ...)	afër	[áfər]
dichtbij (bw)	pranë	[pránə]
niet ver (bw)	jo larg	[jo lárg]
linker (bn)	majtë	[májtə]
links (bw)	majtas	[májtas]
linksaf, naar links (bw)	në të majtë	[nə tə májtə]
rechter (bn)	djathtë	[djáθtə]
rechts (bw)	djathtas	[djáθtas]
rechtsaf, naar rechts (bw)	në të djathtë	[nə tə djáθtə]
vooraan (bw)	përballë	[pərbáɫə]
voorste (bn)	i përparmë	[i pərpármə]
vooruit (bw)	përpara	[pərpára]
achter (bw)	prapa	[prápa]
van achteren (bw)	nga prapa	[ŋa prápa]
achteruit (naar achteren)	pas	[pas]
midden (het)	mes (m)	[mɛs]
in het midden (bw)	në mes	[nə mɛs]
opzij (bw)	në anë	[nə anə]
overal (bw)	kudo	[kúdo]
omheen (bw)	përreth	[pəréθ]
binnenuit (bw)	nga brenda	[ŋa brénda]
naar ergens (bw)	diku	[dikú]
rechtdoor (bw)	drejt	[dréjt]
terug (bijv. ~ komen)	pas	[pas]
ergens vandaan (bw)	nga kudo	[ŋa kúdo]
ergens vandaan (en dit geld moet ~ komen)	nga diku	[ŋa dikú]
ten eerste (bw)	së pari	[sə pári]
ten tweede (bw)	së dyti	[sə dýti]
ten derde (bw)	së treti	[sə tréti]
plotseling (bw)	befas	[béfas]
in het begin (bw)	në fillim	[nə fiɫím]
voor de eerste keer (bw)	për herë të parë	[pər hérə tə párə]
lang voor ... (bw)	shumë përpara ...	[ʃúmə pərpára ...]
opnieuw (bw)	sërish	[səríʃ]
voor eeuwig (bw)	një herë e mirë	[ɲə hérə ɛ mírə]
nooit (bw)	kurrë	[kúrə]
weer (bw)	përsëri	[pərsərí]

nu (bw)	tani	[táni]
vaak (bw)	shpesh	[ʃpɛʃ]
toen (bw)	atëherë	[atəhérə]
urgent (bw)	urgjent	[urɟént]
meestal (bw)	zakonisht	[zakoníʃt]

trouwens, ... (tussen haakjes)	meqë ra fjala, ...	[méca ra fjála, ...]
mogelijk (bw)	ndoshta	[ndóʃta]
waarschijnlijk (bw)	mundësisht	[mundəsíʃt]
misschien (bw)	mbase	[mbásɛ]
trouwens (bw)	përveç	[pərvétʃ]
daarom ...	ja përse ...	[ja pərsé ...]
in weerwil van ...	pavarësisht se ...	[pavarəsíʃt sɛ ...]
dankzij ...	falë ...	[fálə ...]

wat (vn)	çfarë	[tʃfárə]
dat (vw)	që	[cə]
iets (vn)	diçka	[ditʃká]
iets	ndonji gjë	[ndoɲí ɟə]
niets (vn)	asgjë	[asɟé]

wie (~ is daar?)	kush	[kuʃ]
iemand (een onbekende)	dikush	[dikúʃ]
iemand (een bepaald persoon)	dikush	[dikúʃ]

niemand (vn)	askush	[askúʃ]
nergens (bw)	askund	[askúnd]
niemands (bn)	i askujt	[i askújt]
iemands (bn)	i dikujt	[i dikújt]

zo (Ik ben ~ blij)	aq	[ác]
ook (evenals)	gjithashtu	[ɟiθaʃtú]
alsook (eveneens)	gjithashtu	[ɟiθaʃtú]

18. Functiewoorden. Bijwoorden. Deel 2

Waarom?	Pse?	[psɛ?]
om een bepaalde reden	për një arsye	[pər ɲə arsýɛ]
omdat ...	sepse ...	[sɛpsé ...]
voor een bepaald doel	për ndonjë shkak	[pər ndóɲə ʃkak]

en (vw)	dhe	[ðɛ]
of (vw)	ose	[ósɛ]
maar (vw)	por	[por]
voor (vz)	për	[pər]

te (~ veel mensen)	tepër	[tépər]
alleen (bw)	vetëm	[vétəm]
precies (bw)	pikërisht	[pikəríʃt]
ongeveer (~ 10 kg)	rreth	[rɛθ]
omstreeks (bw)	përafërsisht	[pərafərsíʃt]
bij benadering (bn)	përafërt	[pəráfərt]

bijna (bw)	pothuajse	[poθúajsɛ]
rest (de)	mbetje (f)	[mbétjɛ] |//

de andere (tweede)	tjetri	[tjétri]
ander (bn)	tjetër	[tjétər]
elk (bn)	çdo	[tʃdo]
om het even welk	çfarëdo	[tʃfarədó]
veel (telb.)	disa	[disá]
veel (ontelb.)	shumë	[ʃúmə]
veel mensen	shumë njerëz	[ʃúmə ɲérəz]
iedereen (alle personen)	të gjithë	[tə ɟíθə]

in ruil voor ...	në vend të ...	[nə vénd tə ...]
in ruil (bw)	në shkëmbim të ...	[nə ʃkəmbím tə ...]
met de hand (bw)	me dorë	[mɛ dórə]
onwaarschijnlijk (bw)	vështirë se ...	[vəʃtírə sɛ ...]

waarschijnlijk (bw)	mundësisht	[mundəsíʃt]
met opzet (bw)	me qëllim	[mɛ cəɫím]
toevallig (bw)	aksidentalisht	[aksidɛntalíʃt]

zeer (bw)	shumë	[ʃúmə]
bijvoorbeeld (bw)	për shembull	[pər ʃémbuɫ]
tussen (~ twee steden)	midis	[midís]
tussen (te midden van)	rreth	[rɛθ]
zoveel (bw)	kaq shumë	[kác ʃúmə]
vooral (bw)	veçanërisht	[vɛtʃanəríʃt]

Basisbegrippen Deel 2

19. Dagen van de week

maandag (de)	E hënë (f)	[ɛ hénə]
dinsdag (de)	E martë (f)	[ɛ mártə]
woensdag (de)	E mërkurë (f)	[ɛ mərkúrə]
donderdag (de)	E enjte (f)	[ɛ éɲtɛ]
vrijdag (de)	E premte (f)	[ɛ prémtɛ]
zaterdag (de)	E shtunë (f)	[ɛ ʃtúnə]
zondag (de)	E dielë (f)	[ɛ díɛlə]
vandaag (bw)	sot	[sot]
morgen (bw)	nesër	[nésər]
overmorgen (bw)	pasnesër	[pasnésər]
gisteren (bw)	dje	[djé]
eergisteren (bw)	pardje	[pardjé]
dag (de)	ditë (f)	[dítə]
werkdag (de)	ditë pune (f)	[dítə púnɛ]
feestdag (de)	festë kombëtare (f)	[féstə kombətárɛ]
verlofdag (de)	ditë pushim (m)	[dítə puʃím]
weekend (het)	fundjavë (f)	[fundjávə]
de hele dag (bw)	gjithë ditën	[ɟíθə dítən]
de volgende dag (bw)	ditën pasardhëse	[dítən pasárðəsɛ]
twee dagen geleden	dy ditë më parë	[dy dítə mə párə]
aan de vooravond (bw)	një ditë më parë	[ɲə dítə mə párə]
dag-, dagelijks (bn)	ditor	[ditór]
elke dag (bw)	çdo ditë	[tʃdo dítə]
week (de)	javë (f)	[jávə]
vorige week (bw)	javën e kaluar	[jávən ɛ kalúar]
volgende week (bw)	javën e ardhshme	[jávən ɛ árðʃmɛ]
wekelijks (bn)	javor	[javór]
elke week (bw)	çdo javë	[tʃdo jávə]
twee keer per week	dy herë në javë	[dy hérə nə jávə]
elke dinsdag	çdo të martë	[tʃdo tə mártə]

20. Uren. Dag en nacht

morgen (de)	mëngjes (m)	[məɲɟés]
's morgens (bw)	në mëngjes	[nə məɲɟés]
middag (de)	mesditë (f)	[mɛsdítə]
's middags (bw)	pasdite	[pasdítɛ]
avond (de)	mbrëmje (f)	[mbrémjɛ]
's avonds (bw)	në mbrëmje	[nə mbrémjɛ]

nacht (de)	natë (f)	[nátə]
's nachts (bw)	natën	[nátən]
middernacht (de)	mesnatë (f)	[mɛsnátə]

seconde (de)	sekondë (f)	[sɛkóndə]
minuut (de)	minutë (f)	[minútə]
uur (het)	orë (f)	[órə]
halfuur (het)	gjysmë ore (f)	[ɟýsmə órɛ]
kwartier (het)	çerek ore (m)	[tʃɛrék órɛ]
vijftien minuten	pesëmbëdhjetë minuta	[pɛsəmbəðjétə minútə]
etmaal (het)	24 orë	[ɲəzét ɛ kátər órə]

zonsopgang (de)	agim (m)	[agím]
dageraad (de)	agim (m)	[agím]
vroege morgen (de)	mëngjes herët (m)	[mənɟés hérət]
zonsondergang (de)	perëndim dielli (m)	[pɛrəndím diéɫi]

's morgens vroeg (bw)	herët në mëngjes	[hérət nə mənɟés]
vanmorgen (bw)	sot në mëngjes	[sot nə mənɟés]
morgenochtend (bw)	nesër në mëngjes	[nésər nə mənɟés]

vanmiddag (bw)	sot pasdite	[sot pasdítɛ]
's middags (bw)	pasdite	[pasdítɛ]
morgenmiddag (bw)	nesër pasdite	[nésər pasdítɛ]

| vanavond (bw) | sonte në mbrëmje | [sóntɛ nə mbrəmjɛ] |
| morgenavond (bw) | nesër në mbrëmje | [nésər nə mbrə́mjɛ] |

klokslag drie uur	në orën 3 fiks	[nə órən trɛ fiks]
ongeveer vier uur	rreth orës 4	[rɛθ órəs kátər]
tegen twaalf uur	deri në orën 12	[déri nə órən dymbəðjétə]

over twintig minuten	për 20 minuta	[pər ɲəzét minúta]
over een uur	për një orë	[pər ɲə órə]
op tijd (bw)	në orar	[nə orár]

kwart voor ...	çerek ...	[tʃɛrék ...]
binnen een uur	brenda një ore	[brénda ɲə órɛ]
elk kwartier	çdo 15 minuta	[tʃdo pɛsəmbəðjétə minúta]
de klok rond	gjithë ditën	[ɟíθə dítən]

21. Maanden. Seizoenen

januari (de)	Janar (m)	[janár]
februari (de)	Shkurt (m)	[ʃkurt]
maart (de)	Mars (m)	[mars]
april (de)	Prill (m)	[priɫ]
mei (de)	Maj (m)	[maj]
juni (de)	Qershor (m)	[cɛrʃór]

juli (de)	Korrik (m)	[korík]
augustus (de)	Gusht (m)	[guʃt]
september (de)	Shtator (m)	[ʃtatór]
oktober (de)	Tetor (m)	[tɛtór]

november (de)	Nëntor (m)	[nəntór]
december (de)	Dhjetor (m)	[ðjɛtór]
lente (de)	pranverë (f)	[pranvérə]
in de lente (bw)	në pranverë	[nə pranvérə]
lente- (abn)	pranveror	[pranvɛrór]
zomer (de)	verë (f)	[vérə]
in de zomer (bw)	në verë	[nə vérə]
zomer-, zomers (bn)	veror	[vɛrór]
herfst (de)	vjeshtë (f)	[vjéʃtə]
in de herfst (bw)	në vjeshtë	[nə vjéʃtə]
herfst- (abn)	vjeshtor	[vjéʃtor]
winter (de)	dimër (m)	[dímər]
in de winter (bw)	në dimër	[nə dímər]
winter- (abn)	dimëror	[dimərór]
maand (de)	muaj (m)	[múaj]
deze maand (bw)	këtë muaj	[kətə múaj]
volgende maand (bw)	muajin tjetër	[múajin tjétər]
vorige maand (bw)	muajin e kaluar	[múajin ɛ kalúar]
een maand geleden (bw)	para një muaji	[pára ɲə múaji]
over een maand (bw)	pas një muaji	[pas ɲə múaji]
over twee maanden (bw)	pas dy muajsh	[pas dy múajʃ]
de hele maand (bw)	gjithë muajin	[ɟíθə múajin]
een volle maand (bw)	gjatë gjithë muajit	[ɟátə ɟíθə múajit]
maand-, maandelijks (bn)	mujor	[mujór]
maandelijks (bw)	mujor	[mujór]
elke maand (bw)	çdo muaj	[tʃdo múaj]
twee keer per maand	dy herë në muaj	[dy hérə nə múaj]
jaar (het)	vit (m)	[vit]
dit jaar (bw)	këtë vit	[kətə vít]
volgend jaar (bw)	vitin tjetër	[vítin tjétər]
vorig jaar (bw)	vitin e kaluar	[vítin ɛ kalúar]
een jaar geleden (bw)	para një viti	[pára ɲə víti]
over een jaar	për një vit	[pər ɲə vit]
over twee jaar	për dy vite	[pər dy vítɛ]
het hele jaar	gjithë vitin	[ɟíθə vítin]
een vol jaar	gjatë gjithë vitit	[ɟátə ɟíθə vítit]
elk jaar	çdo vit	[tʃdo vít]
jaar-, jaarlijks (bn)	vjetor	[vjɛtór]
jaarlijks (bw)	çdo vit	[tʃdo vít]
4 keer per jaar	4 herë në vit	[kátər hérə nə vit]
datum (de)	datë (f)	[dátə]
datum (de)	data (f)	[dáta]
kalender (de)	kalendar (m)	[kalɛndár]
een half jaar	gjysmë viti	[ɟýsmə víti]
zes maanden	gjashtë muaj	[ɟáʃtə múaj]

seizoen (bijv. lente, zomer)	stinë (f)	[stínə]
eeuw (de)	shekull (m)	[ʃékuɫ]

22. Meeteenheden

gewicht (het)	peshë (f)	[péʃə]
lengte (de)	gjatësi (f)	[ɟatəsí]
breedte (de)	gjerësi (f)	[ɟɛrəsí]
hoogte (de)	lartësi (f)	[lartəsí]
diepte (de)	thellësi (f)	[θɛɫəsí]
volume (het)	vëllim (m)	[vəɫím]
oppervlakte (de)	sipërfaqe (f)	[sipərfácɛ]
gram (het)	gram (m)	[gram]
milligram (het)	miligram (m)	[miligrám]
kilogram (het)	kilogram (m)	[kilográm]
ton (duizend kilo)	ton (m)	[ton]
pond (het)	paund (m)	[páund]
ons (het)	ons (m)	[ons]
meter (de)	metër (m)	[métər]
millimeter (de)	milimetër (m)	[milimétər]
centimeter (de)	centimetër (m)	[tsɛntimétər]
kilometer (de)	kilometër (m)	[kilométər]
mijl (de)	milje (f)	[míljɛ]
duim (de)	inç (m)	[intʃ]
voet (de)	këmbë (f)	[kə́mbə]
yard (de)	jard (m)	[járd]
vierkante meter (de)	metër katror (m)	[métər katrór]
hectare (de)	hektar (m)	[hɛktár]
liter (de)	litër (m)	[lítər]
graad (de)	gradë (f)	[grádə]
volt (de)	volt (m)	[volt]
ampère (de)	amper (m)	[ampér]
paardenkracht (de)	kuaj-fuqi (f)	[kúaj-fucí]
hoeveelheid (de)	sasi (f)	[sasí]
een beetje ...	pak ...	[pak ...]
helft (de)	gjysmë (f)	[ɟýsmə]
dozijn (het)	dyzinë (f)	[dyzínə]
stuk (het)	copë (f)	[tsópə]
afmeting (de)	madhësi (f)	[maðəsí]
schaal (bijv. ~ van 1 op 50)	shkallë (f)	[ʃkáɫə]
minimaal (bn)	minimale	[minimálɛ]
minste (bn)	më i vogli	[mə i vógli]
medium (bn)	i mesëm	[i mésəm]
maximaal (bn)	maksimale	[maksimálɛ]
grootste (bn)	më i madhi	[mə i máði]

23. Containers

glazen pot (de)	kavanoz (m)	[kavanóz]
blik (conserven~)	kanoçe (f)	[kanótʃɛ]
emmer (de)	kovë (f)	[kóvə]
ton (bijv. regenton)	fuçi (f)	[futʃí]
ronde waterbak (de)	legen (m)	[lɛgén]
tank (bijv. watertank-70-ltr)	tank (m)	[tank]
heupfles (de)	faqore (f)	[facórɛ]
jerrycan (de)	bidon (m)	[bidón]
tank (bijv. ketelwagen)	cisternë (f)	[tsistérnə]
beker (de)	tas (m)	[tas]
kopje (het)	filxhan (m)	[fildʒán]
schoteltje (het)	pjatë filxhani (f)	[pjátə fildʒáni]
glas (het)	gotë (f)	[gótə]
wijnglas (het)	gotë vere (f)	[gótə vérɛ]
pan (de)	tenxhere (f)	[tɛndʒérɛ]
fles (de)	shishe (f)	[ʃíʃɛ]
flessenhals (de)	grykë	[grýkə]
karaf (de)	brokë (f)	[brókə]
kruik (de)	shtambë (f)	[ʃtámbə]
vat (het)	enë (f)	[énə]
pot (de)	enë (f)	[énə]
vaas (de)	vazo (f)	[vázo]
flacon (de)	shishe (f)	[ʃíʃɛ]
flesje (het)	shishkë (f)	[ʃíʃkə]
tube (bijv. ~ tandpasta)	tubet (f)	[tubét]
zak (bijv. ~ aardappelen)	thes (m)	[θɛs]
tasje (het)	qese (f)	[césɛ]
pakje (~ sigaretten, enz.)	paketë (f)	[pakétə]
doos (de)	kuti (f)	[kutí]
kist (de)	arkë (f)	[árkə]
mand (de)	shportë (f)	[ʃpórtə]

MENS

Mens. Het lichaam

24. Hoofd

hoofd (het)	kokë (f)	[kókə]
gezicht (het)	fytyrë (f)	[fytýrə]
neus (de)	hundë (f)	[húndə]
mond (de)	gojë (f)	[gójə]
oog (het)	sy (m)	[sy]
ogen (mv.)	sytë	[sýtə]
pupil (de)	bebëz (f)	[bébəz]
wenkbrauw (de)	vetull (f)	[vétuɫ]
wimper (de)	qerpik (m)	[cɛrpík]
ooglid (het)	qepallë (f)	[cɛpáɫə]
tong (de)	gjuhë (f)	[ɟúhə]
tand (de)	dhëmb (m)	[ðəmb]
lippen (mv.)	buzë (f)	[búzə]
jukbeenderen (mv.)	mollëza (f)	[móɫəza]
tandvlees (het)	mishrat e dhëmbëve	[míʃrat ɛ ðəmbəvɛ]
gehemelte (het)	qiellzë (f)	[ciéɫzə]
neusgaten (mv.)	vrimat e hundës (pl)	[vrímat ɛ húndəs]
kin (de)	mjekër (f)	[mjékər]
kaak (de)	nofull (f)	[nófuɫ]
wang (de)	faqe (f)	[fácɛ]
voorhoofd (het)	ball (m)	[baɫ]
slaap (de)	tëmth (m)	[təmθ]
oor (het)	vesh (m)	[vɛʃ]
achterhoofd (het)	zverk (m)	[zvɛrk]
hals (de)	qafë (f)	[cáfə]
keel (de)	fyt (m)	[fyt]
haren (mv.)	flokë (pl)	[flókə]
kapsel (het)	model flokësh (m)	[modél flókəʃ]
haarsnit (de)	prerje flokësh (f)	[prérjɛ flókəʃ]
pruik (de)	paruke (f)	[parúkɛ]
snor (de)	mustaqe (f)	[mustácɛ]
baard (de)	mjekër (f)	[mjékər]
dragen (een baard, enz.)	lë mjekër	[lə mjékər]
vlecht (de)	gërshet (m)	[gərʃét]
bakkebaarden (mv.)	baseta (f)	[baséta]
ros (roodachtig, rossig)	flokëkuqe	[flokəkúcɛ]
grijs (~ haar)	thinja	[θíɲa]

| kaal (bn) | qeros | [cɛrós] |
| kale plek (de) | tullë (f) | [túɫə] |

| paardenstaart (de) | bishtalec (m) | [biʃtaléts] |
| pony (de) | balluke (f) | [baɫúkɛ] |

25. Menselijk lichaam

| hand (de) | dorë (f) | [dórə] |
| arm (de) | krah (m) | [krah] |

vinger (de)	gisht i dorës (m)	[gíʃt i dórəs]
teen (de)	gisht i këmbës (m)	[gíʃt i kémbəs]
duim (de)	gishti i madh (m)	[gíʃti i máð]
pink (de)	gishti i vogël (m)	[gíʃti i vógəl]
nagel (de)	thua (f)	[θúa]

vuist (de)	grusht (m)	[grúʃt]
handpalm (de)	pëllëmbë dore (f)	[pəɫémbə dórɛ]
pols (de)	kyç (m)	[kytʃ]
voorarm (de)	parakrah (m)	[parakráh]
elleboog (de)	bërryl (m)	[bəryl]
schouder (de)	shpatull (f)	[ʃpátuɫ]

been (rechter ~)	këmbë (f)	[kémbə]
voet (de)	shputë (f)	[ʃpútə]
knie (de)	gju (m)	[ɟú]
kuit (de)	pulpë (f)	[púlpə]
heup (de)	ijë (f)	[íjə]
hiel (de)	thembër (f)	[θémbər]

lichaam (het)	trup (m)	[trup]
buik (de)	stomak (m)	[stomák]
borst (de)	kraharor (m)	[kraharór]
borst (de)	gjoks (m)	[ɟóks]
zijde (de)	krah (m)	[krah]
rug (de)	kurriz (m)	[kurríz]
lage rug (de)	fundshpina (f)	[fundʃpína]
taille (de)	beli (m)	[béli]

navel (de)	kërthizë (f)	[kərθízə]
billen (mv.)	vithe (f)	[víθɛ]
achterwerk (het)	prapanica (f)	[prapanítsa]

huidvlek (de)	nishan (m)	[niʃán]
moedervlek (de)	shenjë lindjeje (f)	[ʃéɲə líndjɛjɛ]
tatoeage (de)	tatuazh (m)	[tatuáʒ]
litteken (het)	shenjë (f)	[ʃéɲə]

Kleding en accessoires

26. Bovenkleding. Jassen

kleren (mv.)	rroba (f)	[róba]
bovenkleding (de)	veshje e sipërme (f)	[véʃjɛ ɛ sípərmɛ]
winterkleding (de)	veshje dimri (f)	[véʃjɛ dímri]
jas (de)	pallto (f)	[páɫto]
bontjas (de)	gëzof (m)	[gəzóf]
bontjasje (het)	xhaketë lëkure (f)	[dʒakétə ləkúrɛ]
donzen jas (de)	xhup (m)	[dʒup]
jasje (bijv. een leren ~)	xhaketë (f)	[dʒakétə]
regenjas (de)	pardesy (f)	[pardɛsý]
waterdicht (bn)	kundër shiut	[kúndər ʃiut]

27. Heren & dames kleding

overhemd (het)	këmishë (f)	[kəmíʃə]
broek (de)	pantallona (f)	[pantaɫóna]
jeans (de)	xhinse (f)	[dʒínsɛ]
colbert (de)	xhaketë kostumi (f)	[dʒakétə kostúmi]
kostuum (het)	kostum (m)	[kostúm]
jurk (de)	fustan (m)	[fustán]
rok (de)	fund (m)	[fund]
blouse (de)	bluzë (f)	[blúzə]
wollen vest (de)	xhaketë me thurje (f)	[dʒakétə mɛ θúrjɛ]
blazer (kort jasje)	xhaketë femrash (f)	[dʒakétə fémraʃ]
T-shirt (het)	bluzë (f)	[blúzə]
shorts (mv.)	pantallona të shkurtra (f)	[pantaɫóna tə ʃkúrtra]
trainingspak (het)	tuta sportive (f)	[túta sportívɛ]
badjas (de)	peshqir trupi (m)	[pɛʃcír trúpi]
pyjama (de)	pizhame (f)	[piʒámɛ]
sweater (de)	triko (f)	[tríko]
pullover (de)	pulovër (m)	[pulóvər]
gilet (het)	jelek (m)	[jɛlék]
rokkostuum (het)	frak (m)	[frak]
smoking (de)	smoking (m)	[smokíŋ]
uniform (het)	uniformë (f)	[unifórmə]
werkkleding (de)	rroba pune (f)	[róba púnɛ]
overall (de)	kominoshe (f)	[kominóʃɛ]
doktersjas (de)	uniformë (f)	[unifórmə]

28. Kleding. Ondergoed

ondergoed (het)	të brendshme (f)	[tə bréndʃmɛ]
herenslip (de)	boksera (f)	[bokséra]
slipjes (mv.)	brekë (f)	[brékə]
onderhemd (het)	fanellë (f)	[fanétə]
sokken (mv.)	çorape (pl)	[tʃorápɛ]

nachthemd (het)	këmishë nate (f)	[kəmíʃə nátɛ]
beha (de)	sytjena (f)	[sytjéna]
kniekousen (mv.)	çorape déri tek gjuri (pl)	[tʃorápɛ déri ték ɟúri]
panty (de)	geta (f)	[géta]
nylonkousen (mv.)	çorape të holla (pl)	[tʃorápɛ tə hóła]
badpak (het)	rrobë banje (f)	[róbə báɲɛ]

29. Hoofddeksels

hoed (de)	kapelë (f)	[kapélə]
deukhoed (de)	kapelë republike (f)	[kapélə rɛpublíkɛ]
honkbalpet (de)	kapelë bejsbolli (f)	[kapélə bɛjsbóɫi]
kleppet (de)	kapelë e sheshtë (f)	[kapélə ɛ ʃéʃtə]

baret (de)	beretë (f)	[bɛrétə]
kap (de)	kapuç (m)	[kapútʃ]
panamahoed (de)	kapelë panama (f)	[kapélə panamá]
gebreide muts (de)	kapuç leshi (m)	[kapútʃ léʃi]

hoofddoek (de)	shami (f)	[ʃamí]
dameshoed (de)	kapelë femrash (f)	[kapélə fémraʃ]

veiligheidshelm (de)	helmetë (f)	[hɛlmétə]
veldmuts (de)	kapelë ushtrie (f)	[kapélə uʃtríɛ]
helm, valhelm (de)	helmetë (f)	[hɛlmétə]

bolhoed (de)	kapelë derby (f)	[kapélə dérby]
hoge hoed (de)	kapelë cilindër (f)	[kapélə tsilíndər]

30. Schoeisel

schoeisel (het)	këpucë (pl)	[kəpútsə]
schoenen (mv.)	këpucë burrash (pl)	[kəpútsə búraʃ]
vrouwenschoenen (mv.)	këpucë grash (pl)	[kəpútsə gráʃ]
laarzen (mv.)	çizme (pl)	[tʃízmɛ]
pantoffels (mv.)	pantofla (pl)	[pantófla]

sportschoenen (mv.)	atlete tenisi (pl)	[atlétɛ tɛnísi]
sneakers (mv.)	atlete (pl)	[atlétɛ]
sandalen (mv.)	sandale (pl)	[sandálɛ]

schoenlapper (de)	këpucëtar (m)	[kəputsətár]
hiel (de)	takë (f)	[tákə]

T&P Books. Thematische woordenschat Nederlands-Albanees - 5000 woorden

paar (een ~ schoenen)	palë (f)	[pálə]
veter (de)	lidhëse këpucësh (f)	[líðəsɛ kəpútsəʃ]
rijgen (schoenen ~)	lidh këpucët	[lið kəpútsət]
schoenlepel (de)	lugë këpucësh (f)	[lúgə kəpútsəʃ]
schoensmeer (de/het)	bojë këpucësh (f)	[bójə kəpútsəʃ]

31. Persoonlijke accessoires

handschoenen (mv.)	dorëza (pl)	[dórəza]
wanten (mv.)	doreza (f)	[doréza]
sjaal (fleece ~)	shall (m)	[ʃaɫ]

bril (de)	syze (f)	[sýzɛ]
brilmontuur (het)	skelet syzesh (m)	[skɛlét sýzɛʃ]
paraplu (de)	çadër (f)	[tʃádər]
wandelstok (de)	bastun (m)	[bastún]
haarborstel (de)	furçë flokësh (f)	[fúrtʃə flókəʃ]
waaier (de)	erashkë (f)	[ɛráʃkə]

das (de)	kravatë (f)	[kravátə]
strikje (het)	papion (m)	[papión]
bretels (mv.)	aski (pl)	[askí]
zakdoek (de)	shami (f)	[ʃamí]

kam (de)	krehër (m)	[kréhər]
haarspeldje (het)	kapëse flokësh (f)	[kápəsɛ flókəʃ]
schuifspeldje (het)	karficë (f)	[karfítsə]
gesp (de)	tokëz (f)	[tókəz]

broekriem (de)	rrip (m)	[rip]
draagriem (de)	rrip supi (m)	[rip súpi]

handtas (de)	çantë dore (f)	[tʃántə dórɛ]
damestas (de)	çantë (f)	[tʃántə]
rugzak (de)	çantë shpine (f)	[tʃántə ʃpínɛ]

32. Kleding. Diversen

mode (de)	modë (f)	[módə]
de mode (bn)	në modë	[nə módə]
kledingstilist (de)	stilist (m)	[stilíst]

kraag (de)	jakë (f)	[jákə]
zak (de)	xhep (m)	[dʒɛp]
zak- (abn)	i xhepit	[i dʒépit]
mouw (de)	mëngë (f)	[mə́ŋə]
lusje (het)	hallkë për varje (f)	[háɫkə pər várjɛ]
gulp (de)	zinxhir (m)	[zindʒír]

rits (de)	zinxhir (m)	[zindʒír]
sluiting (de)	kapëse (f)	[kápəsɛ]
knoop (de)	kopsë (f)	[kópsə]

| knoopsgat (het) | vrimë kopse (f) | [vrímə kópsɛ] |
| losraken (bijv. knopen) | këputet | [kəpútɛt] |

naaien (kleren, enz.)	qep	[cɛp]
borduren (ww)	qëndis	[cəndís]
borduursel (het)	qëndisje (f)	[cəndísjɛ]
naald (de)	gjilpërë për qepje (f)	[ɟilpə́rə pər cépjɛ]
draad (de)	pe (m)	[pɛ]
naad (de)	tegel (m)	[tɛgél]

vies worden (ww)	bëhem pis	[béhɛm pis]
vlek (de)	njollë (f)	[ɲóɫə]
gekreukt raken (ov. kleren)	zhubros	[ʒubrós]
scheuren (ov.ww.)	gris	[gris]
mot (de)	molë rrobash (f)	[mólə róbaʃ]

33. Persoonlijke verzorging. Schoonheidsmiddelen

tandpasta (de)	pastë dhëmbësh (f)	[pástə ðə́mbəʃ]
tandenborstel (de)	furçë dhëmbësh (f)	[fúrtʃə ðə́mbəʃ]
tanden poetsen (ww)	laj dhëmbët	[laj ðə́mbət]

scheermes (het)	brisk (m)	[brísk]
scheerschuim (het)	pastë rroje (f)	[pástə rójɛ]
zich scheren (ww)	rruhem	[rúhɛm]

| zeep (de) | sapun (m) | [sapún] |
| shampoo (de) | shampo (f) | [ʃampó] |

schaar (de)	gërshërë (f)	[gərʃə́rə]
nagelvijl (de)	limë thonjsh (f)	[límə θóɲʃ]
nagelknipper (de)	prerëse thonjsh (f)	[prérəsɛ θóɲʃ]
pincet (het)	piskatore vetullash (f)	[piskatórɛ vétuɫaʃ]

cosmetica (mv.)	kozmetikë (f)	[kozmɛtíkə]
masker (het)	maskë fytyre (f)	[máskə fytýrɛ]
manicure (de)	manikyr (m)	[manikýr]
manicure doen	bëj manikyr	[bəj manikýr]
pedicure (de)	pedikyr (m)	[pɛdikýr]

cosmetica tasje (het)	çantë kozmetike (f)	[tʃántə kozmɛtíkɛ]
poeder (de/het)	pudër fytyre (f)	[púdər fytýrɛ]
poederdoos (de)	pudër kompakte (f)	[púdər kompáktɛ]
rouge (de)	ruzh (m)	[ruʒ]

parfum (de/het)	parfum (m)	[parfúm]
eau de toilet (de)	parfum (m)	[parfúm]
lotion (de)	krem (m)	[krɛm]
eau de cologne (de)	kolonjë (f)	[kolóɲə]

oogschaduw (de)	rimel (m)	[rimél]
oogpotlood (het)	laps për sy (m)	[láps pər sy]
mascara (de)	rimel (m)	[rimél]
lippenstift (de)	buzëkuq (m)	[buzəkúc]

nagellak (de)	llak për thonj (m)	[ɬak pər θóɲ]
haarlak (de)	llak flokësh (m)	[ɬak flókəʃ]
deodorant (de)	deodorant (m)	[dɛodoránt]
crème (de)	krem (m)	[krɛm]
gezichtscrème (de)	krem për fytyrë (m)	[krɛm pər fytýrə]
handcrème (de)	krem për duar (m)	[krɛm pər dúar]
antirimpelcrème (de)	krem kundër rrudhave (m)	[krɛm kúndər rúðavɛ]
dagcrème (de)	krem dite (m)	[krɛm dítɛ]
nachtcrème (de)	krem nate (m)	[krɛm nátɛ]
dag- (abn)	dite	[dítɛ]
nacht- (abn)	nate	[nátɛ]
tampon (de)	tampon (m)	[tampón]
toiletpapier (het)	letër higjienike (f)	[létər hiɟiɛníkɛ]
föhn (de)	tharëse flokësh (f)	[θárəsɛ flókəʃ]

34. Horloges. Klokken

polshorloge (het)	orë dore (f)	[órə dórɛ]
wijzerplaat (de)	faqe e orës (f)	[fácɛ ɛ órəs]
wijzer (de)	akrep (m)	[akrép]
metalen horlogeband (de)	rrip metalik ore (m)	[rip mɛtalík órɛ]
horlogebandje (het)	rrip ore (m)	[rip órɛ]
batterij (de)	bateri (f)	[batɛrí]
leeg zijn (ww)	e shkarkuar	[ɛ ʃkarkúar]
batterij vervangen	ndërroj baterinë	[ndərój batɛrínə]
voorlopen (ww)	kalon shpejt	[kalón ʃpéjt]
achterlopen (ww)	ngel prapa	[ŋɛl prápa]
wandklok (de)	orë muri (f)	[órə múri]
zandloper (de)	orë rëre (f)	[órə rərɛ]
zonnewijzer (de)	orë diellore (f)	[órə diɛɬórɛ]
wekker (de)	orë me zile (f)	[órə mɛ zílɛ]
horlogemaker (de)	orëndreqës (m)	[orəndrécəs]
repareren (ww)	ndreq	[ndréc]

Voedsel. Voeding

35. Voedsel

vlees (het)	mish (m)	[miʃ]
kip (de)	pulë (f)	[púlə]
kuiken (het)	mish pule (m)	[miʃ púlɛ]
eend (de)	rosë (f)	[rósə]
gans (de)	patë (f)	[pátə]
wild (het)	gjah (m)	[ɟáh]
kalkoen (de)	mish gjel deti (m)	[miʃ ɟɛl déti]
varkensvlees (het)	mish derri (m)	[miʃ déri]
kalfsvlees (het)	mish viçi (m)	[miʃ vítʃi]
schapenvlees (het)	mish qengji (m)	[miʃ cénɟi]
rundvlees (het)	mish lope (m)	[miʃ lópɛ]
konijnenvlees (het)	mish lepuri (m)	[miʃ lépuri]
worst (de)	salsiçe (f)	[salsítʃɛ]
saucijs (de)	salsiçe vjeneze (f)	[salsítʃɛ vjɛnézɛ]
spek (het)	proshutë (f)	[proʃútə]
ham (de)	sallam (m)	[saɫám]
gerookte achterham (de)	kofshë derri (f)	[kóʃʃə déri]
paté (de)	pate (f)	[paté]
lever (de)	mëlçi (f)	[məltʃí]
gehakt (het)	hamburger (m)	[hamburgér]
tong (de)	gjuhë (f)	[ɟúhə]
ei (het)	ve (f)	[vɛ]
eieren (mv.)	vezë (pl)	[vézə]
eiwit (het)	e bardhë veze (f)	[ɛ bárðə vézɛ]
eigeel (het)	e verdhë veze (f)	[ɛ vérðə vézɛ]
vis (de)	peshk (m)	[pɛʃk]
zeevruchten (mv.)	fruta deti (pl)	[frúta déti]
schaaldieren (mv.)	krustace (pl)	[krustátsɛ]
kaviaar (de)	havjar (m)	[havjár]
krab (de)	gaforre (f)	[gafórɛ]
garnaal (de)	karkalec (m)	[karkaléts]
oester (de)	midhje (f)	[míðjɛ]
langoest (de)	karavidhe (f)	[karavíðɛ]
octopus (de)	oktapod (m)	[oktapód]
inktvis (de)	kallamarë (f)	[kaɫamárə]
steur (de)	bli (m)	[blí]
zalm (de)	salmon (m)	[salmón]
heilbot (de)	shojzë e Atlantikut Verior (f)	[ʃójzə ɛ atlantíkut vɛriór]
kabeljauw (de)	merluc (m)	[mɛrlúts]

makreel (de)	skumbri (m)	[skúmbri]
tonijn (de)	tunë (f)	[túnə]
paling (de)	ngjalë (f)	[ɲʝálə]
forel (de)	troftë (f)	[tróftə]
sardine (de)	sardele (f)	[sardélɛ]
snoek (de)	mlysh (m)	[mlýʃ]
haring (de)	harengë (f)	[haréŋə]
brood (het)	bukë (f)	[búkə]
kaas (de)	djath (m)	[djáθ]
suiker (de)	sheqer (m)	[ʃɛcér]
zout (het)	kripë (f)	[krípə]
rijst (de)	oriz (m)	[oríz]
pasta (de)	makarona (f)	[makaróna]
noedels (mv.)	makarona petë (f)	[makaróna pétə]
boter (de)	gjalp (m)	[ʝalp]
plantaardige olie (de)	vaj vegjetal (m)	[vaj vɛʝɛtál]
zonnebloemolie (de)	vaj luledielli (m)	[vaj lulɛdiéti]
margarine (de)	margarinë (f)	[margarínə]
olijven (mv.)	ullinj (pl)	[utíɲ]
olijfolie (de)	vaj ulliri (m)	[vaj utíri]
melk (de)	qumësht (m)	[cúməʃt]
gecondenseerde melk (de)	qumësht i kondensuar (m)	[cúməʃt i kondɛnsúar]
yoghurt (de)	kos (m)	[kos]
zure room (de)	salcë kosi (f)	[sáltsə kosi]
room (de)	krem qumështi (m)	[krɛm cúməʃti]
mayonaise (de)	majonezë (f)	[majonézə]
crème (de)	krem gjalpi (m)	[krɛm ʝálpi]
graan (het)	drithëra (pl)	[dríθəra]
meel (het), bloem (de)	miell (m)	[míɛɫ]
conserven (mv.)	konserva (f)	[konsérva]
maïsvlokken (mv.)	kornfleiks (m)	[kornfléiks]
honing (de)	mjaltë (f)	[mjáltə]
jam (de)	reçel (m)	[rɛtʃél]
kauwgom (de)	çamçakëz (m)	[tʃamtʃakéz]

36. Drankjes

water (het)	ujë (m)	[újə]
drinkwater (het)	ujë i pijshëm (m)	[újə i píjʃəm]
mineraalwater (het)	ujë mineral (m)	[újə minɛrál]
zonder gas	ujë natyral	[újə natyrál]
koolzuurhoudend (bn)	ujë i karbonuar	[újə i karbonúar]
bruisend (bn)	ujë i gazuar	[újə i gazúar]
ijs (het)	akull (m)	[ákuɫ]

met ijs	me akull	[mɛ ákuɫ]
alcohol vrij (bn)	jo alkoolik	[jo alkoolík]
alcohol vrije drank (de)	pije e lehtë (f)	[píjɛ ɛ léhtə]
frisdrank (de)	pije freskuese (f)	[píjɛ frɛskúɛsɛ]
limonade (de)	limonadë (f)	[limonádə]
alcoholische dranken (mv.)	likere (pl)	[likérɛ]
wijn (de)	verë (f)	[vérə]
witte wijn (de)	verë e bardhë (f)	[vérə ɛ bárðə]
rode wijn (de)	verë e kuqe (f)	[vérə ɛ kúcɛ]
likeur (de)	liker (m)	[likér]
champagne (de)	shampanjë (f)	[ʃampáɲə]
vermout (de)	vermut (m)	[vɛrmút]
whisky (de)	uiski (m)	[víski]
wodka (de)	vodkë (f)	[vódkə]
gin (de)	xhin (m)	[dʒin]
cognac (de)	konjak (m)	[koɲák]
rum (de)	rum (m)	[rum]
koffie (de)	kafe (f)	[káfɛ]
zwarte koffie (de)	kafe e zezë (f)	[káfɛ ɛ zézə]
koffie (de) met melk	kafe me qumësht (m)	[káfɛ mɛ cúməʃt]
cappuccino (de)	kapuçino (m)	[kaputʃíno]
oploskoffie (de)	neskafe (f)	[nɛskáfɛ]
melk (de)	qumësht (m)	[cúməʃt]
cocktail (de)	koktej (m)	[koktéj]
milkshake (de)	milkshake (f)	[milkʃákɛ]
sap (het)	lëng frutash (m)	[ləŋ frútaʃ]
tomatensap (het)	lëng domatesh (m)	[ləŋ domátɛʃ]
sinaasappelsap (het)	lëng portokalli (m)	[ləŋ portokáɫi]
vers geperst sap (het)	lëng frutash i freskët (m)	[ləŋ frútaʃ i fréskət]
bier (het)	birrë (f)	[bírə]
licht bier (het)	birrë e lehtë (f)	[bírə ɛ léhtə]
donker bier (het)	birrë e zezë (f)	[bírə ɛ zézə]
thee (de)	çaj (m)	[tʃáj]
zwarte thee (de)	çaj i zi (m)	[tʃáj i zí]
groene thee (de)	çaj jeshil (m)	[tʃáj jɛʃíl]

37. Groenten

groenten (mv.)	perime (pl)	[pɛrímɛ]
verse kruiden (mv.)	zarzavate (pl)	[zarzavátɛ]
tomaat (de)	domate (f)	[domátɛ]
augurk (de)	kastravec (m)	[kastravéts]
wortel (de)	karotë (f)	[karótə]
aardappel (de)	patate (f)	[patátɛ]
ui (de)	qepë (f)	[cépə]

knoflook (de)	hudhër (f)	[húðər]
kool (de)	lakër (f)	[lákər]
bloemkool (de)	lulelakër (f)	[lulɛlákər]
spruitkool (de)	lakër Brukseli (f)	[lákər brukséli]
broccoli (de)	brokoli (m)	[brókoli]
rode biet (de)	panxhar (m)	[pandʒár]
aubergine (de)	patëllxhan (m)	[patəɫdʒán]
courgette (de)	kungulleshë (m)	[kuŋuɫéʃə]
pompoen (de)	kungull (m)	[kúŋuɫ]
raap (de)	rrepë (f)	[répə]
peterselie (de)	majdanoz (m)	[majdanóz]
dille (de)	kopër (f)	[kópər]
sla (de)	sallatë jeshile (f)	[saɫátə jɛʃílɛ]
selderij (de)	selino (f)	[sɛlíno]
asperge (de)	asparagus (m)	[asparágus]
spinazie (de)	spinaq (m)	[spinác]
erwt (de)	bizele (f)	[bizélɛ]
bonen (mv.)	fasule (f)	[fasúlɛ]
maïs (de)	misër (m)	[mísər]
nierboon (de)	groshë (f)	[gróʃə]
peper (de)	spec (m)	[spɛts]
radijs (de)	rrepkë (f)	[répkə]
artisjok (de)	angjinare (f)	[aɲɟináɾɛ]

38. Vruchten. Noten

vrucht (de)	frut (m)	[frut]
appel (de)	mollë (f)	[móɫə]
peer (de)	dardhë (f)	[dárðə]
citroen (de)	limon (m)	[limón]
sinaasappel (de)	portokall (m)	[portokáɫ]
aardbei (de)	luleshtrydhe (f)	[lulɛʃtrýðɛ]
mandarijn (de)	mandarinë (f)	[mandarínə]
pruim (de)	kumbull (f)	[kúmbuɫ]
perzik (de)	pjeshkë (f)	[pjéʃkə]
abrikoos (de)	kajsi (f)	[kajsí]
framboos (de)	mjedër (f)	[mjédər]
ananas (de)	ananas (m)	[ananás]
banaan (de)	banane (f)	[banánɛ]
watermeloen (de)	shalqi (m)	[ʃalcí]
druif (de)	rrush (m)	[ruʃ]
zure kers (de)	qershi vishnje (f)	[cɛɾʃí víʃɲɛ]
zoete kers (de)	qershi (f)	[cɛɾʃí]
meloen (de)	pjepër (m)	[pjépər]
grapefruit (de)	grejpfrut (m)	[grɛjpfrút]
avocado (de)	avokado (f)	[avokádo]
papaja (de)	papaja (f)	[papája]

mango (de)	mango (f)	[máŋo]
granaatappel (de)	shegë (f)	[ʃégə]
rode bes (de)	kaliboba e kuqe (f)	[kalibóba ɛ kúcɛ]
zwarte bes (de)	kaliboba e zezë (f)	[kalibóba ɛ zézə]
kruisbes (de)	kulumbri (f)	[kulumbrí]
blauwe bosbes (de)	boronicë (f)	[boroníːtsə]
braambes (de)	manaferra (f)	[manaféra]
rozijn (de)	rrush i thatë (m)	[ruʃ i θátə]
vijg (de)	fik (m)	[fik]
dadel (de)	hurmë (f)	[húrmə]
pinda (de)	kikirik (m)	[kikirík]
amandel (de)	bajame (f)	[bajámɛ]
walnoot (de)	arrë (f)	[árə]
hazelnoot (de)	lajthi (f)	[lajθí]
kokosnoot (de)	arrë kokosi (f)	[árə kokósi]
pistaches (mv.)	fëstëk (m)	[fəsték]

39. Brood. Snoep

suikerbakkerij (de)	ëmbëlsira (pl)	[əmbəlsíra]
brood (het)	bukë (f)	[búkə]
koekje (het)	biskota (pl)	[biskóta]
chocolade (de)	çokollatë (f)	[tʃokoɫátə]
chocolade- (abn)	prej çokollate	[prɛj tʃokoɫátɛ]
snoepje (het)	karamele (f)	[karamélɛ]
cakeje (het)	kek (m)	[kék]
taart (bijv. verjaardags~)	tortë (f)	[tórtə]
pastei (de)	tortë (f)	[tórtə]
vulling (de)	mbushje (f)	[mbúʃjɛ]
confituur (de)	reçel (m)	[rɛtʃél]
marmelade (de)	marmelatë (f)	[marmɛɫátə]
wafel (de)	vafera (pl)	[vaféra]
ijsje (het)	akullore (f)	[akuɫórɛ]
pudding (de)	puding (m)	[pudíŋ]

40. Bereide gerechten

gerecht (het)	pjatë (f)	[pjátə]
keuken (bijv. Franse ~)	kuzhinë (f)	[kuʒínə]
recept (het)	recetë (f)	[rɛtsétə]
portie (de)	racion (m)	[ratsión]
salade (de)	sallatë (f)	[saɫátə]
soep (de)	supë (f)	[súpə]
bouillon (de)	lëng mishi (m)	[ləŋ míʃi]
boterham (de)	sandviç (m)	[sandvítʃ]

spiegelei (het)	vezë të skuqura (pl)	[vézə tə skúcura]
hamburger (de)	hamburger	[hamburgér]
biefstuk (de)	biftek (m)	[bifték]

garnering (de)	garniturë (f)	[garnitúrə]
spaghetti (de)	shpageti (pl)	[ʃpagéti]
aardappelpuree (de)	pure patatesh (f)	[puré patátɛʃ]
pizza (de)	pica (f)	[pítsa]
pap (de)	qull (m)	[cuɫ]
omelet (de)	omëletë (f)	[oməléta]

gekookt (in water)	i zier	[i zíɛr]
gerookt (bn)	i tymosur	[i tymósur]
gebakken (bn)	i skuqur	[i skúcur]
gedroogd (bn)	i tharë	[i θárə]
diepvries (bn)	i ngrirë	[i ŋrírə]
gemarineerd (bn)	i marinuar	[i marinúar]

zoet (bn)	i ëmbël	[i ə́mbəl]
gezouten (bn)	i kripur	[i krípur]
koud (bn)	i ftohtë	[i ftóhtə]
heet (bn)	i nxehtë	[i ndzéhtə]
bitter (bn)	i hidhur	[i híður]
lekker (bn)	i shijshëm	[i ʃíjʃəm]

koken (in kokend water)	ziej	[zíɛj]
bereiden (avondmaaltijd ~)	gatuaj	[gatúaj]
bakken (ww)	skuq	[skuc]
opwarmen (ww)	ngroh	[ŋróh]

zouten (ww)	hedh kripë	[hɛð krípə]
peperen (ww)	hedh piper	[hɛð pipér]
raspen (ww)	rendoj	[rɛndój]
schil (de)	lëkurë (f)	[ləkúrə]
schillen (ww)	qëroj	[cərój]

41. Kruiden

zout (het)	kripë (f)	[krípə]
gezouten (bn)	i kripur	[i krípur]
zouten (ww)	hedh kripë	[hɛð krípə]

zwarte peper (de)	piper i zi (m)	[pipér i zi]
rode peper (de)	piper i kuq (m)	[pipér i kuc]
mosterd (de)	mustardë (f)	[mustárdə]
mierikswortel (de)	rrepë djegëse (f)	[répə djégəsɛ]

condiment (het)	salcë (f)	[sáltsə]
specerij, kruiderij (de)	erëz (f)	[érəz]
saus (de)	salcë (f)	[sáltsə]
azijn (de)	uthull (f)	[úθuɫ]

anijs (de)	anisetë (f)	[anisétə]
basilicum (de)	borzilok (m)	[borzilók]

kruidnagel (de)	karafil (m)	[karafíl]
gember (de)	xhenxhefil (m)	[dʒɛndʒɛfíl]
koriander (de)	koriandër (m)	[koriándər]
kaneel (de/het)	kanellë (f)	[kanéɫə]

sesamzaad (het)	susam (m)	[susám]
laurierblad (het)	gjeth dafine (m)	[ɟɛθ dafínɛ]
paprika (de)	spec (m)	[spɛts]
komijn (de)	kumin (m)	[kumín]
saffraan (de)	shafran (m)	[ʃafrán]

42. Maaltijden

| eten (het) | ushqim (m) | [uʃcím] |
| eten (ww) | ha | [ha] |

ontbijt (het)	mëngjes (m)	[mənɟés]
ontbijten (ww)	ha mëngjes	[ha mənɟés]
lunch (de)	drekë (f)	[drékə]
lunchen (ww)	ha drekë	[ha drékə]
avondeten (het)	darkë (f)	[dárkə]
souperen (ww)	ha darkë	[ha dárkə]

| eetlust (de) | oreks (m) | [oréks] |
| Eet smakelijk! | Të bëftë mirë! | [tə bəftə mírə!] |

openen (een fles ~)	hap	[hap]
morsen (koffie, enz.)	derdh	[dérð]
zijn gemorst	derdhje	[dérðjɛ]

koken (water kookt bij 100°C)	ziej	[zíɛj]
koken (Hoe om water te ~)	ziej	[zíɛj]
gekookt (~ water)	i zier	[i zíɛr]
afkoelen (koeler maken)	ftoh	[ftoh]
afkoelen (koeler worden)	ftohje	[ftóhjɛ]

| smaak (de) | shije (f) | [ʃíjɛ] |
| nasmaak (de) | shije (f) | [ʃíjɛ] |

volgen een dieet	dobësohem	[dobəsóhɛm]
dieet (het)	dietë (f)	[diétə]
vitamine (de)	vitaminë (f)	[vitamínə]
calorie (de)	kalori (f)	[kalorí]

| vegetariër (de) | vegjetarian (m) | [vɛɟɛtarián] |
| vegetarisch (bn) | vegjetarian | [vɛɟɛtarián] |

vetten (mv.)	yndyrë (f)	[yndýrə]
eiwitten (mv.)	proteinë (f)	[protɛínə]
koolhydraten (mv.)	karbohidrat (m)	[karbohidrát]

snede (de)	fetë (f)	[fétə]
stuk (bijv. een ~ taart)	copë (f)	[tsópə]
kruimel (de)	dromcë (f)	[drómtsə]

43. Tafelschikking

lepel (de)	lugë (f)	[lúgə]
mes (het)	thikë (f)	[θíkə]
vork (de)	pirun (m)	[pirún]

kopje (het)	filxhan (m)	[fildʒán]
bord (het)	pjatë (f)	[pjátə]
schoteltje (het)	pjatë filxhani (f)	[pjátə fildʒáni]
servet (het)	pecetë (f)	[pɛtsétə]
tandenstoker (de)	kruajtëse dhëmbësh (f)	[krúajtəsɛ ðə́mbəʃ]

44. Restaurant

restaurant (het)	restorant (m)	[rɛstoránt]
koffiehuis (het)	kafene (f)	[kafɛné]
bar (de)	pab (m), pijetore (f)	[pab], [pijɛtórɛ]
tearoom (de)	çajtore (f)	[tʃajtórɛ]

kelner, ober (de)	kamerier (m)	[kamɛriér]
serveerster (de)	kameriere (f)	[kamɛriérɛ]
barman (de)	banakier (m)	[banakiér]

menu (het)	menu (f)	[mɛnú]
wijnkaart (de)	menu verërash (f)	[mɛnú vérəraʃ]
een tafel reserveren	rezervoj një tavolinë	[rɛzɛrvój ɲə tavolínə]

gerecht (het)	pjatë (f)	[pjátə]
bestellen (eten ~)	porosis	[porosís]
een bestelling maken	bëj porosinë	[bəj porosínə]

aperitief (de/het)	aperitiv (m)	[apɛritív]
voorgerecht (het)	antipastë (f)	[antipástə]
dessert (het)	ëmbëlsirë (f)	[əmbəlsírə]

rekening (de)	faturë (f)	[fatúrə]
de rekening betalen	paguaj faturën	[pagúaj fatúrən]
wisselgeld teruggeven	jap kusur	[jap kusúr]
fooi (de)	bakshish (m)	[bakʃíʃ]

Familie, verwanten en vrienden

45. Persoonlijke informatie. Formulieren

naam (de)	emër (m)	[émər]
achternaam (de)	mbiemër (m)	[mbiémər]
geboortedatum (de)	datëlindje (f)	[datəlíndjɛ]
geboorteplaats (de)	vendlindje (f)	[vɛndlíndjɛ]
nationaliteit (de)	kombësi (f)	[kombəsí]
woonplaats (de)	vendbanim (m)	[vɛndbaním]
land (het)	shtet (m)	[ʃtɛt]
beroep (het)	profesion (m)	[profɛsión]
geslacht	gjinia (f)	[ɟinía]
(ov. het vrouwelijk ~)		
lengte (de)	gjatësia (f)	[ɟatəsía]
gewicht (het)	peshë (f)	[péʃə]

46. Familieleden. Verwanten

moeder (de)	nënë (f)	[nénə]
vader (de)	baba (f)	[babá]
zoon (de)	bir (m)	[bir]
dochter (de)	bijë (f)	[bíjə]
jongste dochter (de)	vajza e vogël (f)	[vájza ɛ vógəl]
jongste zoon (de)	djali i vogël (m)	[djáli i vógəl]
oudste dochter (de)	vajza e madhe (f)	[vájza ɛ máðɛ]
oudste zoon (de)	djali i vogël (m)	[djáli i vógəl]
broer (de)	vëlla (m)	[vəɫá]
oudere broer (de)	vëllai i madh (m)	[vəɫái i mað]
jongere broer (de)	vëllai i vogël (m)	[vəɫai i vógəl]
zuster (de)	motër (f)	[mótər]
oudere zuster (de)	motra e madhe (f)	[mótra ɛ máðɛ]
jongere zuster (de)	motra e vogël (f)	[mótra ɛ vógəl]
neef (zoon van oom, tante)	kushëri (m)	[kuʃərí]
nicht (dochter van oom, tante)	kushërirë (f)	[kuʃərírə]
mama (de)	mami (f)	[mámi]
papa (de)	babi (m)	[bábi]
ouders (mv.)	prindër (pl)	[príndər]
kind (het)	fëmijë (f)	[fəmíjə]
kinderen (mv.)	fëmijë (pl)	[fəmíjə]
oma (de)	gjyshe (f)	[ɟýʃɛ]

opa (de)	gjysh (m)	[ɟyʃ]
kleinzoon (de)	nip (m)	[nip]
kleindochter (de)	mbesë (f)	[mbésə]
kleinkinderen (mv.)	nipër e mbesa (pl)	[nípər ɛ mbésa]
oom (de)	dajë (f)	[dájə]
tante (de)	teze (f)	[tézɛ]
neef (zoon van broer, zus)	nip (m)	[nip]
nicht (dochter van broer, zus)	mbesë (f)	[mbésə]
schoonmoeder (de)	vjehrrë (f)	[vjéhrə]
schoonvader (de)	vjehrri (m)	[vjéhri]
schoonzoon (de)	dhëndër (m)	[ðə́ndər]
stiefmoeder (de)	njerkë (f)	[ɲérkə]
stiefvader (de)	njerk (m)	[ɲérk]
zuigeling (de)	foshnjë (f)	[fóʃɲə]
wiegenkind (het)	fëmijë (f)	[fəmíjə]
kleuter (de)	djalosh (m)	[djalóʃ]
vrouw (de)	bashkëshorte (f)	[baʃkəʃórtɛ]
man (de)	bashkëshort (m)	[baʃkəʃórt]
echtgenoot (de)	bashkëshort (m)	[baʃkəʃórt]
echtgenote (de)	bashkëshorte (f)	[baʃkəʃórtɛ]
gehuwd (mann.)	i martuar	[i martúar]
gehuwd (vrouw.)	e martuar	[ɛ martúar]
ongehuwd (mann.)	beqar	[bɛcár]
vrijgezel (de)	beqar (m)	[bɛcár]
gescheiden (bn)	i divorcuar	[i divortsúar]
weduwe (de)	vejushë (f)	[vɛjúʃə]
weduwnaar (de)	vejan (m)	[vɛján]
familielid (het)	kushëri (m)	[kuʃərí]
dichte familielid (het)	kushëri i afërt (m)	[kuʃərí i áfərt]
verre familielid (het)	kushëri i largët (m)	[kuʃərí i lárgət]
familieleden (mv.)	kushërinj (pl)	[kuʃəríɲ]
wees (weesjongen)	jetim (m)	[jɛtím]
wees (weesmeisje)	jetime (f)	[jɛtímɛ]
voogd (de)	kujdestar (m)	[kujdɛstár]
adopteren (een jongen te ~)	adoptoj	[adoptój]
adopteren (een meisje te ~)	adoptoj	[adoptój]

Geneeskunde

47. Ziekten

ziekte (de)	**sëmundje** (f)	[səmúndjɛ]
ziek zijn (ww)	**jam sëmurë**	[jam səmúrə]
gezondheid (de)	**shëndet** (m)	[ʃəndét]
snotneus (de)	**rrifë** (f)	[rífə]
angina (de)	**grykët** (m)	[grýkət]
verkoudheid (de)	**ftohje** (f)	[ftóhjɛ]
verkouden raken (ww)	**ftohem**	[ftóhɛm]
bronchitis (de)	**bronkit** (m)	[bronkít]
longontsteking (de)	**pneumoni** (f)	[pnɛumoní]
griep (de)	**grip** (m)	[grip]
bijziend (bn)	**miop**	[mióp]
verziend (bn)	**presbit**	[prɛsbít]
scheelheid (de)	**strabizëm** (m)	[strabízəm]
scheel (bn)	**strabik**	[strabík]
grauwe staar (de)	**katarakt** (m)	[katarákt]
glaucoom (het)	**glaukoma** (f)	[glaukóma]
beroerte (de)	**goditje** (f)	[godítjɛ]
hartinfarct (het)	**sulm në zemër** (m)	[sulm nə zémər]
myocardiaal infarct (het)	**infarkt miokardiak** (m)	[infárkt miokardiák]
verlamming (de)	**paralizë** (f)	[paralízə]
verlammen (ww)	**paralizoj**	[paralizój]
allergie (de)	**alergji** (f)	[alɛrɟí]
astma (de/het)	**astmë** (f)	[ástmə]
diabetes (de)	**diabet** (m)	[diabét]
tandpijn (de)	**dhimbje dhëmbi** (f)	[ðímbjɛ ðə́mbi]
tandbederf (het)	**karies** (m)	[kariés]
diarree (de)	**diarre** (f)	[diaré]
constipatie (de)	**kapsllëk** (m)	[kapsɫə́k]
maagstoornis (de)	**dispepsi** (f)	[dispɛpsí]
voedselvergiftiging (de)	**helmim** (m)	[hɛlmím]
voedselvergiftiging oplopen	**helmohem nga ushqimi**	[hɛlmóhɛm ŋa uʃcími]
artritis (de)	**artrit** (m)	[artrít]
rachitis (de)	**rakit** (m)	[rakít]
reuma (het)	**reumatizëm** (m)	[rɛumatízəm]
arteriosclerose (de)	**arteriosklerozë** (f)	[artɛrioskIɛrózə]
gastritis (de)	**gastrit** (m)	[gastrít]
blindedarmontsteking (de)	**apendicit** (m)	[apɛnditsít]

galblaasontsteking (de)	kolecistit (m)	[kolɛtsistít]
zweer (de)	ulcerë (f)	[ultsérə]
mazelen (mv.)	fruth (m)	[fruθ]
rodehond (de)	rubeola (f)	[rubɛóla]
geelzucht (de)	verdhëza (f)	[vérðeza]
leverontsteking (de)	hepatit (m)	[hɛpatít]
schizofrenie (de)	skizofreni (f)	[skizofrɛní]
dolheid (de)	sëmundje e tërbimit (f)	[səmúndjɛ ɛ tərbímit]
neurose (de)	neurozë (f)	[nɛurózə]
hersenschudding (de)	tronditje (f)	[trondítjɛ]
kanker (de)	kancer (m)	[kantsér]
sclerose (de)	sklerozë (f)	[sklɛrózə]
multiple sclerose (de)	sklerozë e shumëfishtë (f)	[sklɛrózə ɛ ʃuməfíʃtə]
alcoholisme (het)	alkoolizëm (m)	[alkoolízəm]
alcoholicus (de)	alkoolik (m)	[alkoolík]
syfilis (de)	sifiliz (m)	[sifilíz]
AIDS (de)	SIDA (f)	[sída]
tumor (de)	tumor (m)	[tumór]
kwaadaardig (bn)	malinj	[malíɲ]
goedaardig (bn)	beninj	[bɛníɲ]
koorts (de)	ethe (f)	[éθɛ]
malaria (de)	malarie (f)	[malaríɛ]
gangreen (het)	gangrenë (f)	[gaŋrénə]
zeeziekte (de)	sëmundje deti (f)	[səmúndjɛ déti]
epilepsie (de)	epilepsi (f)	[ɛpilɛpsí]
epidemie (de)	epidemi (f)	[ɛpidɛmí]
tyfus (de)	tifo (f)	[tífo]
tuberculose (de)	tuberkuloz (f)	[tubɛrkulóz]
cholera (de)	kolerë (f)	[kolérə]
pest (de)	murtaja (f)	[murtája]

48. Symptomen. Behandelingen. Deel 1

symptoom (het)	simptomë (f)	[simptómə]
temperatuur (de)	temperaturë (f)	[tɛmpɛratúrə]
verhoogde temperatuur (de)	temperaturë e lartë (f)	[tɛmpɛratúrə ɛ lártə]
polsslag (de)	puls (m)	[puls]
duizeling (de)	marrje mendsh (m)	[márjɛ méndʃ]
heet (erg warm)	i nxehtë	[i ndzéhtə]
koude rillingen (mv.)	dritherima (f)	[driθəríma]
bleek (bn)	i zbehur	[i zbéhur]
hoest (de)	kollë (f)	[kółə]
hoesten (ww)	kollitem	[kołítɛm]
niezen (ww)	teshtij	[tɛʃtíj]
flauwte (de)	të fikët (f)	[tə fíkət]

flauwvallen (ww)	bie të fikët	[bíɛ tə fíkət]
blauwe plek (de)	mavijosje (f)	[mavijósjɛ]
buil (de)	gungë (f)	[gúŋə]
zich stoten (ww)	godas	[godás]
kneuzing (de)	lëndim (m)	[ləndím]
kneuzen (gekneusd zijn)	lëndohem	[ləndóhɛm]
hinken (ww)	çaloj	[tʃalój]
verstuiking (de)	dislokim (m)	[dislokím]
verstuiken (enkel, enz.)	del nga vendi	[dɛl ŋa véndi]
breuk (de)	thyerje (f)	[θýɛrjɛ]
een breuk oplopen	thyej	[θýɛj]
snijwond (de)	e prerë (f)	[ɛ prérə]
zich snijden (ww)	pres veten	[prɛs vétɛn]
bloeding (de)	rrjedhje gjaku (f)	[rjéðjɛ ɟáku]
brandwond (de)	djegie (f)	[djégiɛ]
zich branden (ww)	digjem	[díɟɛm]
prikken (ww)	shpoj	[ʃpoj]
zich prikken (ww)	shpohem	[ʃpóhɛm]
blesseren (ww)	dëmtoj	[dəmtój]
blessure (letsel)	dëmtim (m)	[dəmtím]
wond (de)	plagë (f)	[plágə]
trauma (het)	traumë (f)	[traúmə]
ijlen (ww)	fol përçart	[fól pərtʃárt]
stotteren (ww)	belbëzoj	[bɛlbəzój]
zonnesteek (de)	pikë e diellit (f)	[píkə ɛ diéɬit]

49. Symptomen. Behandelingen. Deel 2

pijn (de)	dhimbje (f)	[ðímbjɛ]
splinter (de)	cifël (f)	[tsífəl]
zweet (het)	djersë (f)	[djérsə]
zweten (ww)	djersij	[djɛrsíj]
braking (de)	të vjella (f)	[tə vjéɬa]
stuiptrekkingen (mv.)	konvulsione (f)	[konvulsiónɛ]
zwanger (bn)	shtatzënë	[ʃtatzə́nə]
geboren worden (ww)	lind	[lind]
geboorte (de)	lindje (f)	[líndjɛ]
baren (ww)	sjell në jetë	[sjɛɬ nə jétə]
abortus (de)	abort (m)	[abórt]
ademhaling (de)	frymëmarrje (f)	[frymǝmárjɛ]
inademing (de)	mbajtje e frymës (f)	[mbájtjɛ ɛ frýməs]
uitademing (de)	lëshim i frymës (m)	[ləʃím i frýməs]
uitademen (ww)	nxjerr frymën	[ndzjér frýmən]
inademen (ww)	marr frymë	[mar frýmə]
invalide (de)	invalid (m)	[invalíd]
gehandicapte (de)	i gjymtuar (m)	[i ɟymtúar]

drugsverslaafde (de)	narkoman (m)	[narkomán]
doof (bn)	shurdh	[ʃurð]
stom (bn)	memec	[mɛméts]
doofstom (bn)	shurdh-memec	[ʃurð-mɛméts]
krankzinnig (bn)	i marrë	[i márə]
krankzinnige (man)	i çmendur (m)	[i tʃméndur]
krankzinnige (vrouw)	e çmendur (f)	[ɛ tʃméndur]
krankzinnig worden	çmendem	[tʃméndɛm]
gen (het)	gen (m)	[gɛn]
immuniteit (de)	imunitet (m)	[imunitét]
erfelijk (bn)	e trashëguar	[ɛ traʃəgúar]
aangeboren (bn)	e lindur	[ɛ líndur]
virus (het)	virus (m)	[virús]
microbe (de)	mikrob (m)	[mikrób]
bacterie (de)	bakterie (f)	[baktériɛ]
infectie (de)	infeksion (m)	[infɛksión]

50. Symptomen. Behandelingen. Deel 3

ziekenhuis (het)	spital (m)	[spitál]
patiënt (de)	pacient (m)	[patsiént]
diagnose (de)	diagnozë (f)	[diagnózə]
genezing (de)	kurë (f)	[kúrə]
medische behandeling (de)	trajtim mjekësor (m)	[trajtím mjɛkəsór]
onder behandeling zijn	kurohem	[kuróhɛm]
behandelen (ww)	kuroj	[kurój]
zorgen (zieken ~)	kujdesem	[kujdésɛm]
ziekenzorg (de)	kujdes (m)	[kujdés]
operatie (de)	operacion (m)	[opɛratsión]
verbinden (een arm ~)	fashoj	[faʃój]
verband (het)	fashim (m)	[faʃím]
vaccin (het)	vaksinim (m)	[vaksiním]
inenten (vaccineren)	vaksinoj	[vaksinój]
injectie (de)	injeksion (m)	[iɲɛksión]
een injectie geven	bëj injeksion	[bəj iɲɛksíon]
aanval (de)	atak (m)	[aták]
amputatie (de)	amputim (m)	[amputím]
amputeren (ww)	amputoj	[amputój]
coma (het)	komë (f)	[kómə]
in coma liggen	jam në komë	[jam nə kómə]
intensieve zorg, ICU (de)	kujdes intensiv (m)	[kujdés intɛnsív]
zich herstellen (ww)	shërohem	[ʃəróhɛm]
toestand (de)	gjendje (f)	[jéndjɛ]
bewustzijn (het)	vetëdije (f)	[vɛtədíjɛ]
geheugen (het)	kujtesë (f)	[kujtésə]
trekken (een kies ~)	heq	[hɛc]

vulling (de)	mbushje (f)	[mbúʃjɛ]
vullen (ww)	mbush	[mbúʃ]
hypnose (de)	hipnozë (f)	[hipnózə]
hypnotiseren (ww)	hipnotizim	[hipnotizím]

51. Artsen

dokter, arts (de)	mjek (m)	[mjék]
ziekenzuster (de)	infermiere (f)	[infɛrmiérɛ]
lijfarts (de)	mjek personal (m)	[mjék pɛrsonál]
tandarts (de)	dentist (m)	[dɛntíst]
oogarts (de)	okulist (m)	[okulíst]
therapeut (de)	mjek i përgjithshëm (m)	[mjék i pərɟíθʃəm]
chirurg (de)	kirurg (m)	[kirúrg]
psychiater (de)	psikiatër (m)	[psikiátər]
pediater (de)	pediatër (m)	[pɛdiátər]
psycholoog (de)	psikolog (m)	[psikológ]
gynaecoloog (de)	gjinekolog (m)	[ɟinɛkológ]
cardioloog (de)	kardiolog (m)	[kardiológ]

52. Geneeskunde. Medicijnen. Accessoires

geneesmiddel (het)	ilaç (m)	[ilátʃ]
middel (het)	mjekim (m)	[mjɛkím]
voorschrijven (ww)	shkruaj recetë	[ʃkrúaj rɛtsétə]
recept (het)	recetë (f)	[rɛtsétə]
tablet (de/het)	pilulë (f)	[pilúlə]
zalf (de)	krem (m)	[krɛm]
ampul (de)	ampulë (f)	[ampúlə]
drank (de)	përzierje (f)	[pərziɛrjɛ]
siroop (de)	shurup (m)	[ʃurúp]
pil (de)	pilulë (f)	[pilúlə]
poeder (de/het)	pudër (f)	[púdər]
verband (het)	fashë garze (f)	[faʃə gárzɛ]
watten (mv.)	pambuk (m)	[pambúk]
jodium (het)	jod (m)	[jod]
pleister (de)	leukoplast (m)	[lɛukoplást]
pipet (de)	pikatore (f)	[pikatórɛ]
thermometer (de)	termometër (m)	[tɛrmométər]
spuit (de)	shiringë (f)	[ʃiríŋə]
rolstoel (de)	karrocë me rrota (f)	[karótsə mɛ róta]
krukken (mv.)	paterica (f)	[patɛrítsa]
pijnstiller (de)	qetësues (m)	[cɛtəsúɛs]
laxeermiddel (het)	laksativ (m)	[laksatív]

spiritus (de)	**alkool dezinfektues** (m)	[alkoól dɛzinfɛktúɛs]
medicinale kruiden (mv.)	**bimë mjekësore** (f)	[bímə mjɛkəsórɛ]
kruiden- (abn)	**çaj bimor**	[tʃáj bimór]

HET MENSELIJKE LEEFGEBIED

Stad

53. Stad. Het leven in de stad

stad (de)	qytet (m)	[cytét]
hoofdstad (de)	kryeqytet (m)	[kryɛcytét]
dorp (het)	fshat (m)	[fʃát]
plattegrond (de)	hartë e qytetit (f)	[hártə ɛ cytétit]
centrum (ov. een stad)	qendër e qytetit (f)	[céndər ɛ cytétit]
voorstad (de)	periferi (f)	[pɛrifɛrí]
voorstads- (abn)	periferik	[pɛrifɛrík]
randgemeente (de)	periferia (f)	[pɛrifɛría]
omgeving (de)	periferia (f)	[pɛrifɛría]
blok (huizenblok)	bllok pallatesh (m)	[bɫók paɫátɛʃ]
woonwijk (de)	bllok banimi (m)	[bɫók baními]
verkeer (het)	trafik (m)	[trafík]
verkeerslicht (het)	semafor (m)	[sɛmafór]
openbaar vervoer (het)	transport publik (m)	[transpórt publík]
kruispunt (het)	kryqëzim (m)	[krycəzím]
zebrapad (oversteekplaats)	kalim për këmbësorë (m)	[kalím pər kəmbəsórə]
onderdoorgang (de)	nënkalim për këmbësorë (m)	[nənkalím pər kəmbəsórə]
oversteken (de straat ~)	kapërcej	[kapərtséj]
voetganger (de)	këmbësor (m)	[kəmbəsór]
trottoir (het)	trotuar (m)	[trotuár]
brug (de)	urë (f)	[úrə]
dijk (de)	breg lumi (m)	[brɛg lúmi]
fontein (de)	shatërvan (m)	[ʃatərván]
allee (de)	rrugëz (m)	[rúgəz]
park (het)	park (m)	[park]
boulevard (de)	bulevard (m)	[bulɛvárd]
plein (het)	shesh (m)	[ʃɛʃ]
laan (de)	bulevard (m)	[bulɛvárd]
straat (de)	rrugë (f)	[rúgə]
zijstraat (de)	rrugë dytësore (f)	[rúgə dytəsórɛ]
doodlopende straat (de)	rrugë pa krye (f)	[rúgə pa krýɛ]
huis (het)	shtëpi (f)	[ʃtəpí]
gebouw (het)	ndërtesë (f)	[ndərtésə]
wolkenkrabber (de)	qiellgërvishtës (m)	[ciɛɫgərvíʃtəs]
gevel (de)	fasadë (f)	[fasádə]
dak (het)	çati (f)	[tʃatí]

venster (het)	dritare (f)	[dritárɛ]
boog (de)	hark (m)	[hárk]
pilaar (de)	kolonë (f)	[kolónə]
hoek (ov. een gebouw)	kënd (m)	[kénd]

vitrine (de)	vitrinë (f)	[vitrínə]
gevelreclame (de)	tabelë (f)	[tabélə]
affiche (de/het)	poster (m)	[postér]
reclameposter (de)	afishe reklamuese (f)	[afíʃɛ rɛklamúɛsɛ]
aanplakbord (het)	tabelë reklamash (f)	[tabélə rɛklámaʃ]

vuilnis (de/het)	plehra (f)	[pléhra]
vuilnisbak (de)	kosh plehrash (m)	[koʃ pléhraʃ]
afval weggooien (ww)	hedh mbeturina	[hɛð mbɛturína]
stortplaats (de)	deponi plehrash (f)	[dɛponí pléhraʃ]

telefooncel (de)	kabinë telefonike (f)	[kabínə tɛlɛfoníkɛ]
straatlicht (het)	shtyllë dritash (f)	[ʃtýɫə drítaʃ]
bank (de)	stol (m)	[stol]

politieagent (de)	polic (m)	[políts]
politie (de)	polici (f)	[politsí]
zwerver (de)	lypës (m)	[lýpəs]
dakloze (de)	i pastrehë (m)	[i pastréhə]

54. Stedelijke instellingen

winkel (de)	dyqan (m)	[dycán]
apotheek (de)	farmaci (f)	[farmatsí]
optiek (de)	optikë (f)	[optíkə]
winkelcentrum (het)	qendër tregtare (f)	[cénðər trɛgtárɛ]
supermarkt (de)	supermarket (m)	[supɛrmarkét]

bakkerij (de)	furrë (f)	[fúrə]
bakker (de)	furrtar (m)	[furtár]
banketbakkerij (de)	pastiçeri (f)	[pastitʃɛrí]
kruidenier (de)	dyqan ushqimor (m)	[dycán uʃcimór]
slagerij (de)	dyqan mishi (m)	[dycán míʃi]

| groentewinkel (de) | dyqan fruta-perimesh (m) | [dycán frúta-pɛrímɛʃ] |
| markt (de) | treg (m) | [trɛg] |

koffiehuis (het)	kafene (f)	[kafɛné]
restaurant (het)	restorant (m)	[rɛstoránt]
bar (de)	pab (m), pijetore (f)	[pab], [pijɛtórɛ]
pizzeria (de)	piceri (f)	[pitsɛrí]

kapperssalon (de/het)	parukeri (f)	[parukɛrí]
postkantoor (het)	zyrë postare (f)	[zýrə postárɛ]
stomerij (de)	pastrim kimik (m)	[pastrím kimík]
fotostudio (de)	studio fotografike (f)	[stúdio fotografíkɛ]

| schoenwinkel (de) | dyqan këpucësh (m) | [dycán kəpútsəʃ] |
| boekhandel (de) | librari (f) | [librarí] |

sportwinkel (de)	dyqan me mallra sportivë (m)	[dycán mɛ máɫra sportívə]
kledingreparatie (de)	rrobaqepësi (f)	[robacɛpəsí]
kledingverhuur (de)	dyqan veshjesh me qira (m)	[dycán véʃjeʃ mɛ cirá]
videotheek (de)	dyqan videosh me qira (m)	[dycán vídɛoʃ mɛ cirá]
circus (de/het)	cirk (m)	[tsírk]
dierentuin (de)	kopsht zoologjik (m)	[kópʃt zooloɟík]
bioscoop (de)	kinema (f)	[kinɛmá]
museum (het)	muze (m)	[muzé]
bibliotheek (de)	bibliotekë (f)	[bibliotékə]
theater (het)	teatër (m)	[tɛátər]
opera (de)	opera (f)	[opéra]
nachtclub (de)	klub nate (m)	[klúb nátɛ]
casino (het)	kazino (f)	[kazíno]
moskee (de)	xhami (f)	[dʒamí]
synagoge (de)	sinagogë (f)	[sinagógə]
kathedraal (de)	katedrale (f)	[katɛdrálɛ]
tempel (de)	tempull (m)	[témpuɫ]
kerk (de)	kishë (f)	[kíʃə]
instituut (het)	kolegj (m)	[kolé̠ɟ]
universiteit (de)	universitet (m)	[univɛrsitét]
school (de)	shkollë (f)	[ʃkóɫə]
gemeentehuis (het)	prefekturë (f)	[prɛfɛktúrə]
stadhuis (het)	bashki (f)	[baʃkí]
hotel (het)	hotel (m)	[hotél]
bank (de)	bankë (f)	[bánkə]
ambassade (de)	ambasadë (f)	[ambasádə]
reisbureau (het)	agjenci udhëtimesh (f)	[aɟɛntsí uðətímɛʃ]
informatieloket (het)	zyrë informacioni (f)	[zýrə informatsióni]
wisselkantoor (het)	këmbim valutor (m)	[kəmbím valutór]
metro (de)	metro (f)	[mɛtró]
ziekenhuis (het)	spital (m)	[spitál]
benzinestation (het)	pikë karburanti (f)	[píkə karburánti]
parking (de)	parking (m)	[parkíŋ]

55. Borden

gevelreclame (de)	tabelë (f)	[tabélə]
opschrift (het)	njoftim (m)	[ɲoftím]
poster (de)	poster (m)	[postér]
wegwijzer (de)	tabelë drejtuese (f)	[tabélə drɛjtúɛsɛ]
pijl (de)	shigjetë (f)	[ʃiɟétə]
waarschuwing (verwittiging)	kujdes (m)	[kujdés]
waarschuwingsbord (het)	shenjë paralajmëruese (f)	[ʃéɲə paralajmərúɛsɛ]
waarschuwen (ww)	paralajmëroj	[paralajmərój]

vrije dag (de)	ditë pushimi (f)	[dítə puʃími]
dienstregeling (de)	orar (m)	[orár]
openingsuren (mv.)	orari i punës (m)	[orári i púnəs]

WELKOM!	MIRË SE VINI!	[mírə sɛ víni!]
INGANG	HYRJE	[hýrjɛ]
UITGANG	DALJE	[dáljɛ]

DUWEN	SHTY	[ʃty]
TREKKEN	TËRHIQ	[tərhíc]
OPEN	HAPUR	[hápur]
GESLOTEN	MBYLLUR	[mbýɫur]

| DAMES | GRA | [gra] |
| HEREN | BURRA | [búra] |

KORTING	ZBRITJE	[zbrítjɛ]
UITVERKOOP	ULJE	[úljɛ]
NIEUW!	TË REJA!	[tə réja!]
GRATIS	FALAS	[fálas]

PAS OP!	KUJDES!	[kujdés!]
VOLGEBOEKT	NUK KA VENDE TË LIRA	[nuk ka véndɛ tə líra]
GERESERVEERD	E REZERVUAR	[ɛ rɛzɛrvúar]

| ADMINISTRATIE | ADMINISTRATA | [administráta] |
| ALLEEN VOOR PERSONEEL | VETËM PËR STAFIN | [vétəm pər stáfin] |

GEVAARLIJKE HOND	RUHUNI NGA QENI!	[rúhuni ŋa céni!]
VERBODEN TE ROKEN!	NDALOHET DUHANI	[ndalóhɛt duháni]
NIET AANRAKEN!	MOS PREK!	[mos prék!]

GEVAARLIJK	TË RREZIKSHME	[tə rɛzíkʃmɛ]
GEVAAR	RREZIK	[rɛzík]
HOOGSPANNING	TENSION I LARTË	[tɛnsión i lártə]
VERBODEN TE ZWEMMEN	NUK LEJOHET NOTI!	[nuk lɛjóhɛt nóti!]
BUITEN GEBRUIK	E PRISHUR	[ɛ príʃur]

ONTVLAMBAAR	LËNDË DJEGËSE	[ləndə djégəsɛ]
VERBODEN	E NDALUAR	[ɛ ndalúar]
DOORGANG VERBODEN	NDALOHET HYRJA	[ndalóhɛt hýrja]
OPGELET PAS GEVERFD	BOJË E FRESKËT	[bójə ɛ fréskət]

56. Stedelijk vervoer

bus, autobus (de)	autobus (m)	[autobús]
tram (de)	tramvaj (m)	[tramváj]
trolleybus (de)	autobus tramvaj (m)	[autobús tramváj]
route (de)	itinerar (m)	[itinɛrár]
nummer (busnummer, enz.)	numër (m)	[númər]

| rijden met ... | udhëtoj me ... | [uðətój mɛ ...] |
| stappen (in de bus ~) | hip | [hip] |

afstappen (ww)	zbres ...	[zbrɛs ...]
halte (de)	stacion (m)	[statsión]
volgende halte (de)	stacioni tjetër (m)	[statsióni tjétər]
eindpunt (het)	terminal (m)	[tɛrminál]
dienstregeling (de)	orar (m)	[orár]
wachten (ww)	pres	[prɛs]
kaartje (het)	biletë (f)	[bilétə]
reiskosten (de)	çmim bilete (m)	[tʃmím bilétɛ]
kassier (de)	shitës biletash (m)	[ʃítəs bilétaʃ]
kaartcontrole (de)	kontroll biletash (m)	[kontrół bilétaʃ]
controleur (de)	kontrollues biletash (m)	[kontrołúɛs bilétaʃ]
te laat zijn (ww)	vonohem	[vonóhɛm]
missen (de bus ~)	humbas	[humbás]
zich haasten (ww)	nxitoj	[ndzitój]
taxi (de)	taksi (m)	[táksi]
taxichauffeur (de)	shofer taksie (m)	[ʃofér taksíɛ]
met de taxi (bw)	me taksi	[mɛ táksi]
taxistandplaats (de)	stacion taksish (m)	[statsión táksiʃ]
een taxi bestellen	thërras taksi	[θərás táksi]
een taxi nemen	marr taksi	[mar táksi]
verkeer (het)	trafik (m)	[trafík]
file (de)	bllokim trafiku (m)	[błokím trafíku]
spitsuur (het)	orë e trafikut të rëndë (f)	[órə ɛ trafíkut tə rəndə]
parkeren (on.ww.)	parkoj	[parkój]
parkeren (ov.ww.)	parkim	[parkím]
parking (de)	parking (m)	[parkíŋ]
metro (de)	metro (f)	[mɛtró]
halte (bijv. kleine treinhalte)	stacion (m)	[statsión]
de metro nemen	shkoj me metro	[ʃkoj mɛ métro]
trein (de)	tren (m)	[trɛn]
station (treinstation)	stacion treni (m)	[statsión tréni]

57. Bezienswaardigheden

monument (het)	monument (m)	[monumént]
vesting (de)	kala (f)	[kalá]
paleis (het)	pallat (m)	[pałát]
kasteel (het)	kështjellë (f)	[kəʃtjétə]
toren (de)	kullë (f)	[kúłə]
mausoleum (het)	mauzoleum (m)	[mauzolɛúm]
architectuur (de)	arkitekturë (f)	[arkitɛktúrə]
middeleeuws (bn)	mesjetare	[mɛsjɛtárɛ]
oud (bn)	e lashtë	[ɛ láʃtə]
nationaal (bn)	kombëtare	[kombətárɛ]
bekend (bn)	i famshëm	[i fámʃəm]
toerist (de)	turist (m)	[turíst]
gids (de)	udhërrëfyes (m)	[uðərəfýɛs]

rondleiding (de)	ekskursion (m)	[εkskursión]
tonen (ww)	tregoj	[trεgój]
vertellen (ww)	dëftoj	[dəftój]
vinden (ww)	gjej	[ɟéj]
verdwalen (de weg kwijt zijn)	humbas	[humbás]
plattegrond (~ van de metro)	hartë (f)	[hártə]
plattegrond (~ van de stad)	hartë (f)	[hártə]
souvenir (het)	suvenir (m)	[suvεnír]
souvenirwinkel (de)	dyqan dhuratash (m)	[dycán ðurátaʃ]
foto's maken	bëj foto	[bəj fóto]
zich laten fotograferen	bëj fotografi	[bəj fotografí]

58. Winkelen

kopen (ww)	blej	[blεj]
aankoop (de)	blerje (f)	[blérjε]
winkelen (ww)	shkoj për pazar	[ʃkoj pər pazár]
winkelen (het)	pazar (m)	[pazár]
open zijn (ov. een winkel, enz.)	hapur	[hápur]
gesloten zijn (ww)	mbyllur	[mbýɫur]
schoeisel (het)	këpucë (f)	[kəpútsə]
kleren (mv.)	veshje (f)	[véʃjε]
cosmetica (mv.)	kozmetikë (f)	[kozmεtíkə]
voedingswaren (mv.)	mallra ushqimore (f)	[máɫra uʃcimórε]
geschenk (het)	dhuratë (f)	[ðurátə]
verkoper (de)	shitës (m)	[ʃítəs]
verkoopster (de)	shitëse (f)	[ʃítəsε]
kassa (de)	arkë (f)	[árkə]
spiegel (de)	pasqyrë (f)	[pascýrə]
toonbank (de)	banak (m)	[bának]
paskamer (de)	dhomë prove (f)	[ðómə próvε]
aanpassen (ww)	provoj	[provój]
passen (ov. kleren)	më rri mirë	[mə ri mírə]
bevallen (prettig vinden)	pëlqej	[pəlcéj]
prijs (de)	çmim (m)	[tʃmím]
prijskaartje (het)	etiketa e çmimit (f)	[εtikéta ε tʃmímit]
kosten (ww)	kushton	[kuʃtón]
Hoeveel?	Sa?	[sa?]
korting (de)	ulje (f)	[úljε]
niet duur (bn)	jo e shtrenjtë	[jo ε ʃtréɲtə]
goedkoop (bn)	e lirë	[ε lírə]
duur (bn)	i shtrenjtë	[i ʃtréɲtə]
Dat is duur.	Është e shtrenjtë.	[éʃtə ε ʃtréɲtə]
verhuur (de)	qiramarrje (f)	[ciramárjε]

huren (smoking, enz.)	marr me qira	[mar mɛ cirá]
krediet (het)	kredit (m)	[krɛdít]
op krediet (bw)	me kredi	[mɛ krɛdí]

59. Geld

geld (het)	para (f)	[pará]
ruil (de)	këmbim valutor (m)	[kəmbím valutór]
koers (de)	kurs këmbimi (m)	[kurs kəmbími]
geldautomaat (de)	bankomat (m)	[bankomát]
muntstuk (de)	monedhë (f)	[monéðə]

| dollar (de) | dollar (m) | [dołár] |
| euro (de) | euro (f) | [éuro] |

lire (de)	lirë (f)	[lírə]
Duitse mark (de)	Marka gjermane (f)	[márka ɟɛrmánɛ]
frank (de)	franga (f)	[fráŋa]
pond sterling (het)	sterlina angleze (f)	[stɛrlína aŋlézɛ]
yen (de)	jen (m)	[jén]

schuld (geldbedrag)	borxh (m)	[bórdʒ]
schuldenaar (de)	debitor (m)	[dɛbitór]
uitlenen (ww)	jap hua	[jap huá]
lenen (geld ~)	marr hua	[mar huá]

bank (de)	bankë (f)	[bánkə]
bankrekening (de)	llogari (f)	[łogarí]
storten (ww)	depozitoj	[dɛpozitój]
op rekening storten	depozitoj në llogari	[dɛpozitój nə łogarí]
opnemen (ww)	tërheq	[tərhéc]

kredietkaart (de)	kartë krediti (f)	[kártə krɛdíti]
baar geld (het)	kesh (m)	[kɛʃ]
cheque (de)	çek (m)	[tʃɛk]
een cheque uitschrijven	lëshoj një çek	[ləʃój ɲə tʃék]
chequeboekje (het)	bllok çeqesh (m)	[błók tʃécɛʃ]

portefeuille (de)	portofol (m)	[portofól]
geldbeugel (de)	kuletë (f)	[kulétə]
safe (de)	kasafortë (f)	[kasafórtə]

erfgenaam (de)	trashëgimtar (m)	[traʃəgimtár]
erfenis (de)	trashëgimi (f)	[traʃəgimí]
fortuin (het)	pasuri (f)	[pasurí]

huur (de)	qira (f)	[cirá]
huurprijs (de)	qiraja (f)	[ciraja]
huren (huis, kamer)	marr me qira	[mar mɛ cirá]

prijs (de)	çmim (m)	[tʃmím]
kostprijs (de)	kosto (f)	[kósto]
som (de)	shumë (f)	[ʃúmə]
uitgeven (geld besteden)	shpenzoj	[ʃpɛnzój]

kosten (mv.)	shpenzime (f)	[ʃpɛnzímɛ]
bezuinigen (ww)	kursej	[kurséj]
zuinig (bn)	ekonomik	[ɛkonomík]

betalen (ww)	paguaj	[pagúaj]
betaling (de)	pagesë (f)	[pagésə]
wisselgeld (het)	kusur (m)	[kusúr]

belasting (de)	taksë (f)	[táksə]
boete (de)	gjobë (f)	[ɟóbə]
beboeten (bekeuren)	vendos gjobë	[vɛndós ɟóbə]

60. Post. Postkantoor

postkantoor (het)	zyrë postare (f)	[zýrə postárɛ]
post (de)	postë (f)	[póstə]
postbode (de)	postier (m)	[postiér]
openingsuren (mv.)	orari i punës (m)	[orári i púnəs]

brief (de)	letër (f)	[létər]
aangetekende brief (de)	letër rekomande (f)	[létər rɛkomándɛ]
briefkaart (de)	kartolinë (f)	[kartolínə]
telegram (het)	telegram (m)	[tɛlɛgrám]
postpakket (het)	pako (f)	[páko]
overschrijving (de)	transfer parash (m)	[transfér paráʃ]

ontvangen (ww)	pranoj	[pranój]
sturen (zenden)	dërgoj	[dərgój]
verzending (de)	dërgesë (f)	[dərgésə]

adres (het)	adresë (f)	[adrésə]
postcode (de)	kodi postar (m)	[kódi postár]
verzender (de)	dërguesi (m)	[dərgúɛsi]
ontvanger (de)	pranues (m)	[pranúɛs]

| naam (de) | emër (m) | [émər] |
| achternaam (de) | mbiemër (m) | [mbiémər] |

tarief (het)	tarifë postare (f)	[tarífə postárɛ]
standaard (bn)	standard	[standárd]
zuinig (bn)	ekonomike	[ɛkonomíkɛ]

gewicht (het)	peshë (f)	[péʃə]
afwegen (op de weegschaal)	peshoj	[pɛʃój]
envelop (de)	zarf (m)	[zarf]
postzegel (de)	pullë postare (f)	[púɫə postárɛ]
een postzegel plakken op	vendos pullën postare	[vɛndós púɫən postárɛ]

Woning. Huis. Thuis

61. Huis. Elektriciteit

elektriciteit (de)	elektricitet (m)	[ɛlɛktritsitét]
lamp (de)	poç (m)	[potʃ]
schakelaar (de)	çelës drite (m)	[tʃélǝs drítɛ]
zekering (de)	siguresë (f)	[sigurésǝ]
draad (de)	kabllo (f)	[kábɫo]
bedrading (de)	rrjet elektrik (m)	[rjét ɛlɛktrík]
elektriciteitsmeter (de)	njehsor elektrik (m)	[ɲɛhsór ɛlɛktrík]
gegevens (mv.)	matjet (pl)	[mátjɛt]

62. Villa. Herenhuis

landhuisje (het)	vilë (f)	[vílǝ]
villa (de)	vilë (f)	[vílǝ]
vleugel (de)	krah (m)	[krah]
tuin (de)	kopsht (m)	[kopʃt]
park (het)	park (m)	[park]
oranjerie (de)	serrë (f)	[sérǝ]
onderhouden (tuin, enz.)	përkujdesem	[pǝrkujdésɛm]
zwembad (het)	pishinë (f)	[piʃínǝ]
gym (het)	palestër (f)	[paléstǝr]
tennisveld (het)	fushë tenisi (f)	[fúʃǝ tɛnísi]
bioscoopkamer (de)	sallon teatri (m)	[saɫón tɛátri]
garage (de)	garazh (m)	[garáʒ]
privé-eigendom (het)	pronë private (f)	[prónǝ privátɛ]
eigen terrein (het)	tokë private (f)	[tókǝ privátɛ]
waarschuwing (de)	paralajmërim (m)	[paralajmǝrím]
waarschuwingsbord (het)	shenjë paralajmëruese (f)	[ʃéɲǝ paralajmǝrúɛsɛ]
bewaking (de)	sigurim (m)	[sigurím]
bewaker (de)	roje sigurimi (m)	[rójɛ sigurími]
inbraakalarm (het)	alarm (m)	[alárm]

63. Appartement

appartement (het)	apartament (m)	[apartamént]
kamer (de)	dhomë (f)	[ðómǝ]
slaapkamer (de)	dhomë gjumi (f)	[ðómǝ ɟúmi]

eetkamer (de)	dhomë ngrënie (f)	[ðómə ŋrəníɛ]
salon (de)	dhomë ndeje (f)	[ðómə ndéjɛ]
studeerkamer (de)	dhomë pune (f)	[ðómə púnɛ]
gang (de)	hyrje (f)	[hýrjɛ]
badkamer (de)	banjo (f)	[báɲo]
toilet (het)	tualet (m)	[tualét]
plafond (het)	tavan (m)	[taván]
vloer (de)	dysheme (f)	[dyʃɛmé]
hoek (de)	qoshe (f)	[cóʃɛ]

64. Meubels. Interieur

meubels (mv.)	orendi (f)	[orɛndí]
tafel (de)	tryezë (f)	[tryézə]
stoel (de)	karrige (f)	[karígɛ]
bed (het)	shtrat (m)	[ʃtrat]
bankstel (het)	divan (m)	[diván]
fauteuil (de)	kolltuk (m)	[koɫtúk]
boekenkast (de)	raft librash (m)	[ráft líbraʃ]
boekenrek (het)	sergjen (m)	[sɛɾɟén]
kledingkast (de)	gardërobë (f)	[gardəróbə]
kapstok (de)	varëse (f)	[várəsɛ]
staande kapstok (de)	varëse xhaketash (f)	[várəsɛ dʒakétaʃ]
commode (de)	komodë (f)	[komódə]
salontafeltje (het)	tryezë e ulët (f)	[tryézə ɛ úlət]
spiegel (de)	pasqyrë (f)	[pascýrə]
tapijt (het)	qilim (m)	[cilím]
tapijtje (het)	tapet (m)	[tapét]
haard (de)	oxhak (m)	[odʒák]
kaars (de)	qiri (m)	[círi]
kandelaar (de)	shandan (m)	[ʃandán]
gordijnen (mv.)	perde (f)	[pérdɛ]
behang (het)	tapiceri (f)	[tapitsɛrí]
jaloezie (de)	grila (f)	[gríla]
bureaulamp (de)	llambë tavoline (f)	[ɫámbə tavolínɛ]
wandlamp (de)	llambadar muri (m)	[ɫambadár múri]
staande lamp (de)	llambadar (m)	[ɫambadár]
luchter (de)	llambadar (m)	[ɫambadár]
poot (ov. een tafel, enz.)	këmbë (f)	[kémbə]
armleuning (de)	mbështetëse krahu (f)	[mbəʃtétəsɛ kráhu]
rugleuning (de)	mbështetëse (f)	[mbəʃtétəsɛ]
la (de)	sirtar (m)	[sirtár]

65. Beddengoed

beddengoed (het)	çarçafë (pl)	[tʃartʃáfə]
kussen (het)	jastëk (m)	[jasték]
kussenovertrek (de)	këllëf jastëku (m)	[kəɫéf jastéku]
deken (de)	jorgan (m)	[jorgán]
laken (het)	çarçaf (m)	[tʃartʃáf]
sprei (de)	mbulesë (f)	[mbulésə]

66. Keuken

keuken (de)	kuzhinë (f)	[kuʒínə]
gas (het)	gaz (m)	[gaz]
gasfornuis (het)	sobë me gaz (f)	[sóbə mɛ gaz]
elektrisch fornuis (het)	sobë elektrike (f)	[sóbə ɛlɛktríkɛ]
oven (de)	furrë (f)	[fúrə]
magnetronoven (de)	mikrovalë (f)	[mikroválə]
koelkast (de)	frigorifer (m)	[frigoriférr]
diepvriezer (de)	frigorifer (m)	[frigoriférr]
vaatwasmachine (de)	pjatalarëse (f)	[pjataláresɛ]
vleesmolen (de)	grirëse mishi (f)	[grírəsɛ míʃi]
vruchtenpers (de)	shtrydhëse frutash (f)	[ʃtrýðəsɛ frútaʃ]
toaster (de)	toster (m)	[tostérr]
mixer (de)	mikser (m)	[miksérr]
koffiemachine (de)	makinë kafeje (f)	[makínə kaféjɛ]
koffiepot (de)	kafetierë (f)	[kafɛtiérə]
koffiemolen (de)	mulli kafeje (f)	[muɫí káfɛjɛ]
fluitketel (de)	çajnik (m)	[tʃajník]
theepot (de)	çajnik (m)	[tʃajník]
deksel (de/het)	kapak (m)	[kapák]
theezeefje (het)	sitë çaji (f)	[sítə tʃáji]
lepel (de)	lugë (f)	[lúgə]
theelepeltje (het)	lugë çaji (f)	[lúgə tʃáji]
eetlepel (de)	lugë gjelle (f)	[lúgə ɟéɫɛ]
vork (de)	pirun (m)	[pirún]
mes (het)	thikë (f)	[θíkə]
vaatwerk (het)	enë kuzhine (f)	[énə kuʒínɛ]
bord (het)	pjatë (f)	[pjátə]
schoteltje (het)	pjatë filxhani (f)	[pjátə fildʒáni]
likeurglas (het)	potir (m)	[potírr]
glas (het)	gotë (f)	[gótə]
kopje (het)	filxhan (m)	[fildʒán]
suikerpot (de)	tas për sheqer (m)	[tas pər ʃɛcérr]
zoutvat (het)	kripore (f)	[kripórɛ]
pepervat (het)	enë piperi (f)	[énə pipéri]

boterschaaltje (het)	pjatë gjalpi (f)	[pjátə ɟálpi]
pan (de)	tenxhere (f)	[tɛndʒérɛ]
bakpan (de)	tigan (m)	[tigán]
pollepel (de)	garuzhdë (f)	[garúʒdə]
vergiet (de/het)	kullesë (f)	[kuɫésə]
dienblad (het)	tabaka (f)	[tabaká]
fles (de)	shishe (f)	[ʃíʃɛ]
glazen pot (de)	kavanoz (m)	[kavanóz]
blik (conserven~)	kanoçe (f)	[kanótʃɛ]
flesopener (de)	hapëse shishesh (f)	[hapəsé ʃíʃɛʃ]
blikopener (de)	hapëse kanoçesh (f)	[hapəsé kanótʃɛʃ]
kurkentrekker (de)	turjelë tapash (f)	[turjélə tápaʃ]
filter (de/het)	filtër (m)	[fíltər]
filteren (ww)	filtroj	[filtrój]
huisvuil (het)	pleh (m)	[plɛh]
vuilnisemmer (de)	kosh plehrash (m)	[koʃ pléhraʃ]

67. Badkamer

badkamer (de)	banjo (f)	[báɲo]
water (het)	ujë (m)	[újə]
kraan (de)	rubinet (m)	[rubinét]
warm water (het)	ujë i nxehtë (f)	[újə i ndzéhtə]
koud water (het)	ujë i ftohtë (f)	[újə i ftóhtə]
tandpasta (de)	pastë dhëmbësh (f)	[pástə ðə́mbəʃ]
tanden poetsen (ww)	laj dhëmbët	[laj ðə́mbət]
tandenborstel (de)	furçë dhëmbësh (f)	[fúrtʃə ðə́mbəʃ]
zich scheren (ww)	rruhem	[rúhɛm]
scheercrème (de)	shkumë rroje (f)	[ʃkumə rójɛ]
scheermes (het)	brisk (m)	[brísk]
wassen (ww)	laj duart	[laj dúart]
een bad nemen	lahem	[láhɛm]
douche (de)	dush (m)	[duʃ]
een douche nemen	bëj dush	[bəj dúʃ]
bad (het)	vaskë (f)	[váskə]
toiletpot (de)	tualet (m)	[tualét]
wastafel (de)	lavaman (m)	[lavamán]
zeep (de)	sapun (m)	[sapún]
zeepbakje (het)	pjatë sapuni (f)	[pjátə sapúni]
spons (de)	sfungjer (m)	[sfunɟér]
shampoo (de)	shampo (f)	[ʃampó]
handdoek (de)	peshqir (m)	[pɛʃcír]
badjas (de)	peshqir trupi (m)	[pɛʃcír trúpi]
was (bijv. handwas)	larje (f)	[lárjɛ]
wasmachine (de)	makinë larëse (f)	[makínə lárəsɛ]

de was doen   laj rroba   [laj róba]
waspoeder (de)   detergjent (m)   [dɛtɛrjént]

68. Huishoudelijke apparaten

televisie (de)	televizor (m)	[tɛlɛvizór]
cassettespeler (de)	inçizues me shirit (m)	[intʃizúɛs mɛ ʃirít]
videorecorder (de)	video regjistrues (m)	[vídɛo rɛɟistrúɛs]
radio (de)	radio (f)	[rádio]
speler (de)	kasetofon (m)	[kasɛtofón]
videoprojector (de)	projektor (m)	[projɛktór]
home theater systeem (het)	kinema shtëpie (f)	[kinɛmá ʃtəpíɛ]
DVD-speler (de)	DVD player (m)	[dividí plɛjər]
versterker (de)	amplifikator (m)	[amplifikatór]
spelconsole (de)	konsol video loje (m)	[konsól vídɛo lójɛ]
videocamera (de)	videokamerë (f)	[vidɛokamérə]
fotocamera (de)	aparat fotografik (m)	[aparát fotografík]
digitale camera (de)	kamerë digjitale (f)	[kamérə diɟitálɛ]
stofzuiger (de)	fshesë elektrike (f)	[fʃésə ɛlɛktríkɛ]
strijkijzer (het)	hekur (m)	[hékur]
strijkplank (de)	tryezë për hekurosje (f)	[tryézə pər hɛkurósjɛ]
telefoon (de)	telefon (m)	[tɛlɛfón]
mobieltje (het)	celular (m)	[tsɛlulár]
schrijfmachine (de)	makinë shkrimi (f)	[makínə ʃkrími]
naaimachine (de)	makinë qepëse (f)	[makínə cépəsɛ]
microfoon (de)	mikrofon (m)	[mikrofón]
koptelefoon (de)	kufje (f)	[kúfjɛ]
afstandsbediening (de)	telekomandë (f)	[tɛlɛkomándə]
CD (de)	CD (f)	[tsɛdé]
cassette (de)	kasetë (f)	[kasétə]
vinylplaat (de)	pllakë gramafoni (f)	[płákə gramafóni]

MENSELIJKE ACTIVITEITEN

Baan. Business. Deel 1

69. Kantoor. Op kantoor werken

kantoor (het)	zyrë (f)	[zýrə]
kamer (de)	zyrë (f)	[zýrə]
receptie (de)	recepsion (m)	[rɛtsɛpsión]
secretaris (de)	sekretar (m)	[sɛkrɛtár]
secretaresse (de)	sekretare (f)	[sɛkrɛtárɛ]
directeur (de)	drejtor (m)	[drɛjtór]
manager (de)	menaxher (m)	[mɛnadʒér]
boekhouder (de)	kontabilist (m)	[kontabilíst]
werknemer (de)	punonjës (m)	[punóɲəs]
meubilair (het)	orendi (f)	[orɛndí]
tafel (de)	tavolinë pune (f)	[tavolínə púnɛ]
bureaustoel (de)	karrige pune (f)	[karígɛ púnɛ]
ladeblok (het)	njësi sirtarësh (f)	[ɲəsí sirtárəʃ]
kapstok (de)	varëse xhaketash (f)	[várəsɛ dʒakétaʃ]
computer (de)	kompjuter (m)	[kompjutér]
printer (de)	printer (m)	[printér]
fax (de)	aparat faksi (m)	[aparát fáksi]
kopieerapparaat (het)	fotokopje (f)	[fotokópjɛ]
papier (het)	letër (f)	[létər]
kantoorartikelen (mv.)	pajisje zyre (f)	[pajísjɛ zýrɛ]
muismat (de)	shtroje e mausit (f)	[ʃtrójɛ ɛ máusit]
blad (het)	fletë (f)	[flétə]
ordner (de)	dosje (f)	[dósjɛ]
catalogus (de)	katalog (m)	[katalóg]
telefoongids (de)	numerator telefonik (m)	[numɛratór tɛlɛfoník]
documentatie (de)	dokumentacion (m)	[dokumɛntatsión]
brochure (de)	broshurë (f)	[broʃúrə]
flyer (de)	fletëpalosje (f)	[flɛtəpalósjɛ]
monster (het), staal (de)	mostër (f)	[móstər]
training (de)	takim trajnimi (m)	[takím trajními]
vergadering (de)	takim (m)	[takím]
lunchpauze (de)	pushim dreke (m)	[puʃím drékɛ]
een kopie maken	bëj fotokopje	[bəj fotokópjɛ]
de kopieën maken	shumëfishoj	[ʃuməfiʃój]
een fax ontvangen	marr faks	[mar fáks]
een fax versturen	dërgoj faks	[dərgój fáks]

opbellen (ww)	telefonoj	[tɛlɛfonój]
antwoorden (ww)	përgjigjem	[pərɟíɟɛm]
doorverbinden (ww)	kaloj linjën	[kalój líɲən]

afspreken (ww)	lë takim	[lə takím]
demonstreren (ww)	tregoj	[trɛgój]
absent zijn (ww)	mungoj	[muŋój]
afwezigheid (de)	mungesë (f)	[muŋésə]

70. Bedrijfsprocessen. Deel 1

| bedrijf (business) | biznes (m) | [biznés] |
| zaak (de), beroep (het) | profesion (m) | [profɛsión] |

firma (de)	firmë (f)	[fírmə]
bedrijf (maatschap)	kompani (f)	[kompaní]
corporatie (de)	korporatë (f)	[korporátə]
onderneming (de)	ndërmarrje (f)	[ndərmárjɛ]
agentschap (het)	agjenci (f)	[aɟɛntsí]

overeenkomst (de)	marrëveshje (f)	[marəvéʃjɛ]
contract (het)	kontratë (f)	[kontrátə]
transactie (de)	marrëveshje (f)	[marəvéʃjɛ]
bestelling (de)	porosi (f)	[porosí]
voorwaarde (de)	kushte (f)	[kúʃtɛ]

in het groot (bw)	me shumicë	[mɛ ʃumítsə]
groothandels- (abn)	me shumicë	[mɛ ʃumítsə]
groothandel (de)	me shumicë (f)	[mɛ ʃumítsə]
kleinhandels- (abn)	me pakicë	[mɛ pakítsə]
kleinhandel (de)	me pakicë (f)	[mɛ pakítsə]

concurrent (de)	konkurrent (m)	[konkurént]
concurrentie (de)	konkurrencë (f)	[konkuréntsə]
concurreren (ww)	konkurroj	[konkurój]

| partner (de) | ortak (m) | [orták] |
| partnerschap (het) | partneritet (m) | [partnɛritét] |

crisis (de)	krizë (f)	[krízə]
bankroet (het)	falimentim (m)	[falimɛntím]
bankroet gaan (ww)	falimentoj	[falimɛntój]
moeilijkheid (de)	vështirësi (f)	[vəʃtirəsí]
probleem (het)	problem (m)	[problém]
catastrofe (de)	katastrofë (f)	[katastrófə]

economie (de)	ekonomi (f)	[ɛkonomí]
economisch (bn)	ekonomik	[ɛkonomík]
economische recessie (de)	recesion ekonomik (m)	[rɛtsɛsión ɛkonomík]

doel (het)	qëllim (m)	[cəłím]
taak (de)	detyrë (f)	[dɛtýrə]
handelen (handel drijven)	tregtoj	[trɛgtój]
netwerk (het)	rrjet (m)	[rjét]

voorraad (de)	inventar (m)	[invɛntár]
assortiment (het)	gamë (f)	[gámə]

leider (de)	lider (m)	[lidér]
groot (bn)	e madhe	[ɛ máðɛ]
monopolie (het)	monopol (m)	[monopól]

theorie (de)	teori (f)	[tɛorí]
praktijk (de)	praktikë (f)	[praktíkə]
ervaring (de)	përvojë (f)	[pərvójə]
tendentie (de)	trend (m)	[trɛnd]
ontwikkeling (de)	zhvillim (m)	[ʒvitím]

71. Bedrijfsprocessen. Deel 2

voordeel (het)	fitim (m)	[fitím]
voordelig (bn)	fitimprurës	[fitimprúrəs]

delegatie (de)	delegacion (m)	[dɛlɛgatsión]
salaris (het)	pagë (f)	[págə]
corrigeren (fouten ~)	korrigjoj	[korijój]
zakenreis (de)	udhëtim pune (m)	[uðətím púnɛ]
commissie (de)	komision (m)	[komisión]

controleren (ww)	kontrolloj	[kontroɫój]
conferentie (de)	konferencë (f)	[konfɛréntsə]
licentie (de)	licencë (f)	[litséntsə]
betrouwbaar (partner, enz.)	i besueshëm	[i bɛsúɛʃəm]

aanzet (de)	nismë (f)	[nísmə]
norm (bijv. ~ stellen)	normë (f)	[nórmə]
omstandigheid (de)	rrethanë (f)	[rɛθánə]
taak, plicht (de)	detyrë (f)	[dɛtýrə]

organisatie (bedrijf, zaak)	organizatë (f)	[organizátə]
organisatie (proces)	organizativ (m)	[organizatív]
georganiseerd (bn)	i organizuar	[i organizúar]
afzegging (de)	anulim (m)	[anulím]
afzeggen (ww)	anuloj	[anulój]
verslag (het)	raport (m)	[rapórt]

patent (het)	patentë (f)	[paténtə]
patenteren (ww)	patentoj	[patɛntój]
plannen (ww)	planifikoj	[planifikój]

premie (de)	bonus (m)	[bonús]
professioneel (bn)	profesional	[profɛsionál]
procedure (de)	procedurë (f)	[protsɛdúrə]

onderzoeken (contract, enz.)	shqyrtoj	[ʃcyrtój]
berekening (de)	llogaritje (f)	[ɫogarítjɛ]
reputatie (de)	reputacion (m)	[rɛputatsión]
risico (het)	rrezik (m)	[rɛzík]
beheren (managen)	drejtoj	[drɛjtój]

informatie (de)	informacion (m)	[informatsión]
eigendom (bezit)	pronë (f)	[prónə]
unie (de)	bashkim (m)	[baʃkím]
levensverzekering (de)	sigurim jete (m)	[sigurím jétɛ]
verzekeren (ww)	siguroj	[sigurój]
verzekering (de)	sigurim (m)	[sigurím]
veiling (de)	ankand (m)	[ankánd]
verwittigen (ww)	njoftoj	[ɲoftój]
beheer (het)	menaxhim (m)	[mɛnadʒím]
dienst (de)	shërbim (m)	[ʃərbím]
forum (het)	forum (m)	[forúm]
functioneren (ww)	funksionoj	[funksionój]
stap, etappe (de)	fazë (f)	[fázə]
juridisch (bn)	ligjor	[liɟór]
jurist (de)	avokat (m)	[avokát]

72. Productie. Werken

industriële installatie (fabriek)	uzinë (f)	[uzínə]
fabriek (de)	fabrikë (f)	[fabríkə]
werkplaatsruimte (de)	punëtori (f)	[punətorí]
productielocatie (de)	punishte (f)	[puníʃtɛ]
industrie (de)	industri (f)	[industrí]
industrieel (bn)	industrial	[industriál]
zware industrie (de)	industri e rëndë (f)	[industrí ɛ rəndə]
lichte industrie (de)	industri e lehtë (f)	[industrí ɛ léhtə]
productie (de)	produkt (m)	[prodúkt]
produceren (ww)	prodhoj	[proðój]
grondstof (de)	lëndë e parë (f)	[lə́ndə ɛ párə]
voorman, ploegbaas (de)	përgjegjës (m)	[pərɟéɟəs]
ploeg (de)	skuadër (f)	[skuádər]
arbeider (de)	punëtor (m)	[punətór]
werkdag (de)	ditë pune (f)	[dítə púnɛ]
pauze (de)	pushim (m)	[puʃím]
samenkomst (de)	mbledhje (f)	[mbléðjɛ]
bespreken (spreken over)	diskutoj	[diskutój]
plan (het)	plan (m)	[plan]
het plan uitvoeren	përmbush planin	[pərmbúʃ plánin]
productienorm (de)	normë prodhimi (f)	[nórmə proðími]
kwaliteit (de)	cilësi (f)	[tsilesí]
controle (de)	kontroll (m)	[kontróɫ]
kwaliteitscontrole (de)	kontroll cilësie (m)	[kontróɫ tsilesíɛ]
arbeidsveiligheid (de)	siguri në punë (f)	[sigurí nə púnə]
discipline (de)	disiplinë (f)	[disiplínə]
overtreding (de)	thyerje rregullash (f)	[θýɛrjɛ régułaʃ]

overtreden (ww)	thyej rregullat	[θýɛj régułat]
staking (de)	grevë (f)	[grévə]
staker (de)	grevist (m)	[grɛvíst]
staken (ww)	jam në grevë	[jam nə grévə]
vakbond (de)	sindikatë punëtorësh (f)	[sindikátə punətórəʃ]

uitvinden (machine, enz.)	shpik	[ʃpik]
uitvinding (de)	shpikje (f)	[ʃpíkjɛ]
onderzoek (het)	kërkim (m)	[kərkím]
verbeteren (beter maken)	përmirësoj	[pərmirəsój]
technologie (de)	teknologji (f)	[tɛknoloɟí]
technische tekening (de)	vizatim teknik (m)	[vizatím tɛkník]

vracht (de)	ngarkesë (f)	[ŋarkésə]
lader (de)	ngarkues (m)	[ŋarkúɛs]
laden (vrachtwagen)	ngarkoj	[ŋarkój]
laden (het)	ngarkimi	[ŋarkími]
lossen (ww)	shkarkoj	[ʃkarkój]
lossen (het)	shkarkim (m)	[ʃkarkím]

transport (het)	transport (m)	[transpórt]
transportbedrijf (de)	agjenci transporti (f)	[aɟɛntsí transpórti]
transporteren (ww)	transportoj	[transportój]

goederenwagon (de)	vagon mallrash (m)	[vagón máłraʃ]
tank (bijv. ketelwagen)	cisternë (f)	[tsistérnə]
vrachtwagen (de)	kamion (m)	[kamión]

machine (de)	makineri veglash (f)	[makinɛrí vɛgláʃ]
mechanisme (het)	mekanizëm (m)	[mɛkanízəm]

industrieel afval (het)	mbetje industriale (f)	[mbétjɛ industriálɛ]
verpakking (de)	paketim (m)	[pakɛtím]
verpakken (ww)	paketoj	[pakɛtój]

73. Contract. Overeenstemming

contract (het)	kontratë (f)	[kontrátə]
overeenkomst (de)	marrëveshje (f)	[marəvéʃjɛ]
bijlage (de)	shtojcë (f)	[ʃtójtsə]

een contract sluiten	nënshkruaj një kontratë	[nənʃkrúaj ɲə kontrátə]
handtekening (de)	nënshkrim (m)	[nənʃkrím]
ondertekenen (ww)	nënshkruaj	[nənʃkrúaj]
stempel (de)	vulë (f)	[vúlə]

voorwerp (het) van de overeenkomst	objekt i kontratës (m)	[objékt i kontrátəs]
clausule (de)	kusht (m)	[kuʃt]
partijen (mv.)	palët (m)	[pálət]

vestigingsadres (het)	adresa zyrtare (f)	[adrésa zyrtárɛ]
het contract verbreken (overtreden)	mosrespektim kontrate	[mosrɛspɛktím kontrátɛ]

verplichting (de) — detyrim (m) — [dɛtyrím]
verantwoordelijkheid (de) — përgjegjësi (f) — [pərɟeɟəsí]
overmacht (de) — forcë madhore (f) — [fórtsə maðórɛ]
geschil (het) — mosmarrëveshje (f) — [mosmarəvéʃjɛ]
sancties (mv.) — ndëshkime (pl) — [ndəʃkímɛ]

74. Import & Export

import (de) — import (m) — [impórt]
importeur (de) — importues (m) — [importúɛs]
importeren (ww) — importoj — [importój]
import- (abn) — i importuar — [i importúar]

uitvoer (export) — eksport (m) — [ɛksport]
exporteur (de) — eksportues (m) — [ɛksportúɛs]
exporteren (ww) — eksportoj — [ɛksportój]
uitvoer- (bijv., ~goederen) — i eksportuar — [i ɛksportúar]

goederen (mv.) — mallra (pl) — [máɫra]
partij (de) — ngarkesë (f) — [ŋarkésə]

gewicht (het) — peshë (f) — [péʃə]
volume (het) — vëllim (m) — [vəɫím]
kubieke meter (de) — metër kub (m) — [métər kúb]

producent (de) — prodhues (m) — [proðúɛs]
transportbedrijf (de) — agjenci transporti (f) — [aɟɛntsí transpórti]
container (de) — kontejner (m) — [kontɛjnér]

grens (de) — kufi (m) — [kufí]
douane (de) — doganë (f) — [dogánə]
douanerecht (het) — taksë doganore (f) — [táksə doganórɛ]
douanier (de) — doganier (m) — [doganiér]
smokkelen (het) — trafikim (m) — [trafikím]
smokkelwaar (de) — kontrabandë (f) — [kontrabándə]

75. Financiën

aandeel (het) — stok (m) — [stok]
obligatie (de) — certifikatë valutore (f) — [tsɛrtifikátə valutórɛ]
wissel (de) — letër me vlerë (f) — [létər mɛ vlérə]

beurs (de) — bursë (f) — [búrsə]
aandelenkoers (de) — çmimi i stokut (m) — [tʃmími i stókut]

dalen (ww) — ulet — [úlɛt]
stijgen (ww) — rritet — [rítɛt]

deel (het) — kuotë (f) — [kuótə]
meerderheidsbelang (het) — përqindje kontrolluese (f) — [pərcíndjɛ kontroɫúɛsɛ]
investeringen (mv.) — investim (m) — [invɛstím]
investeren (ww) — investoj — [invɛstój]

procent (het)	përqindje (f)	[pərcíndjɛ]
rente (de)	interes (m)	[intɛrés]
winst (de)	fitim (m)	[fitím]
winstgevend (bn)	fitimprurës	[fitimprúrəs]
belasting (de)	taksë (f)	[táksə]
valuta (vreemde ~)	valutë (f)	[valútə]
nationaal (bn)	kombëtare	[kombətárɛ]
ruil (de)	këmbim valute (m)	[kəmbím valútɛ]
boekhouder (de)	kontabilist (m)	[kontabilíst]
boekhouding (de)	kontabilitet (m)	[kontabilitét]
bankroet (het)	falimentim (m)	[falimɛntím]
ondergang (de)	kolaps (m)	[koláps]
faillissement (het)	rrënim (m)	[rəním]
geruïneerd zijn (ww)	rrënohem	[rənóhɛm]
inflatie (de)	inflacion (m)	[inflatsión]
devaluatie (de)	zhvlerësim (m)	[ʒvlɛrəsím]
kapitaal (het)	kapital (m)	[kapitál]
inkomen (het)	të ardhura (f)	[tə árðura]
omzet (de)	qarkullim (m)	[carkuɫím]
middelen (mv.)	burime (f)	[burímɛ]
financiële middelen (mv.)	burime monetare (f)	[burímɛ monɛtárɛ]
operationele kosten (mv.)	shpenzime bazë (f)	[ʃpɛnzímɛ bázə]
reduceren (kosten ~)	zvogëloj	[zvogəlój]

76. Marketing

marketing (de)	marketing (m)	[markɛtíŋ]
markt (de)	treg (m)	[trɛg]
marktsegment (het)	segment tregu (m)	[sɛgmént trégu]
product (het)	produkt (m)	[prodúkt]
goederen (mv.)	mallra (pl)	[máɫra]
merk (het)	markë (f)	[márkə]
handelsmerk (het)	markë tregtare (f)	[márkə trɛgtárɛ]
beeldmerk (het)	logo (f)	[lógo]
logo (het)	logo (f)	[lógo]
vraag (de)	kërkesë (f)	[kərkésə]
aanbod (het)	furnizim (m)	[furnizím]
behoefte (de)	nevojë (f)	[nɛvójə]
consument (de)	konsumator (m)	[konsumatór]
analyse (de)	analizë (f)	[analízə]
analyseren (ww)	analizoj	[analizój]
positionering (de)	vendosje (f)	[vɛndósjɛ]
positioneren (ww)	vendos	[vɛndós]
prijs (de)	çmim (m)	[tʃmím]
prijspolitiek (de)	politikë e çmimeve (f)	[politíkə ɛ tʃmímɛvɛ]
prijsvorming (de)	formim i çmimit (m)	[formím i tʃmímit]

77. Reclame

reclame (de)	reklamë (f)	[rɛklámə]
adverteren (ww)	reklamoj	[rɛklamój]
budget (het)	buxhet (m)	[budʒét]

advertentie, reclame (de)	reklamë (f)	[rɛklámə]
TV-reclame (de)	reklamë televizive (f)	[rɛklámə tɛlɛvizívɛ]
radioreclame (de)	reklamë në radio (f)	[rɛklámə nə rádio]
buitenreclame (de)	reklamë ambientale (f)	[rɛklámə ambiɛntálɛ]

massamedia (de)	masmedia (f)	[masmédia]
periodiek (de)	botim periodik (m)	[botím pɛriodík]
imago (het)	imazh (m)	[imáʒ]

slagzin (de)	slogan (m)	[slogán]
motto (het)	moto (f)	[móto]

campagne (de)	fushatë (f)	[fuʃátə]
reclamecampagne (de)	fushatë reklamuese (f)	[fuʃátə rɛklamúɛsɛ]
doelpubliek (het)	grup i synuar (m)	[grup i synúar]

visitekaartje (het)	kartëvizitë (f)	[kartəvizítə]
flyer (de)	fletëpalosje (f)	[flɛtəpalósjɛ]
brochure (de)	broshurë (f)	[broʃúrə]
folder (de)	pamflet (m)	[pamflét]
nieuwsbrief (de)	buletin (m)	[bulɛtín]

gevelreclame (de)	tabelë (f)	[tabélə]
poster (de)	poster (m)	[postér]
aanplakbord (het)	tabelë reklamash (f)	[tabélə rɛklámaʃ]

78. Bankieren

bank (de)	bankë (f)	[bánkə]
bankfiliaal (het)	degë (f)	[dégə]

bankbediende (de)	punonjës banke (m)	[punóɲəs bánkɛ]
manager (de)	drejtor (m)	[drɛjtór]

bankrekening (de)	llogari bankare (f)	[ɫogarí bankárɛ]
rekeningnummer (het)	numër llogarie (m)	[númər ɫogaríɛ]
lopende rekening (de)	llogari rrjedhëse (f)	[ɫogarí rjéðəsɛ]
spaarrekening (de)	llogari kursimesh (f)	[ɫogarí kursímɛʃ]

een rekening openen	hap një llogari	[hap ɲə ɫogarí]
de rekening sluiten	mbyll një llogari	[mbýɫ ɲə ɫogarí]
op rekening storten	depozitoj në llogari	[dɛpozitój nə ɫogarí]
opnemen (ww)	tërheq	[tərhéc]

storting (de)	depozitë (f)	[dɛpozítə]
een storting maken	kryej një depozitim	[krýɛj ɲə dɛpozitím]
overschrijving (de)	transfer bankar (m)	[transfér bankár]

een overschrijving maken	transferoj para	[transfɛrój pará]
som (de)	shumë (f)	[ʃúmə]
Hoeveel?	Sa?	[sa?]
handtekening (de)	nënshkrim (m)	[nənʃkrím]
ondertekenen (ww)	nënshkruaj	[nənʃkrúaj]
kredietkaart (de)	kartë krediti (f)	[kártə krɛdíti]
code (de)	kodi PIN (m)	[kódi pin]
kredietkaartnummer (het)	numri i kartës së kreditit (m)	[númri i kártəs sə krɛdítit]
geldautomaat (de)	bankomat (m)	[bankomát]
cheque (de)	çek (m)	[tʃɛk]
een cheque uitschrijven	lëshoj një çek	[ləʃój ɲə tʃék]
chequeboekje (het)	bllok çeqesh (m)	[bɫok tʃécɛʃ]
lening, krediet (de)	kredi (f)	[krɛdí]
een lening aanvragen	aplikoj për kredi	[aplikój pər krɛdí]
een lening nemen	marr kredi	[mar krɛdí]
een lening verlenen	jap kredi	[jap krɛdí]
garantie (de)	garanci (f)	[garantsí]

79. Telefoon. Telefoongesprek

telefoon (de)	telefon (m)	[tɛlɛfón]
mobieltje (het)	celular (m)	[tsɛlulár]
antwoordapparaat (het)	sekretari telefonike (f)	[sɛkrɛtarí tɛlɛfoníkɛ]
bellen (ww)	telefonoj	[tɛlɛfonój]
belletje (telefoontje)	telefonatë (f)	[tɛlɛfonátə]
een nummer draaien	i bie numrit	[i bíɛ númrit]
Hallo!	Përshëndetje!	[pərʃəndétjɛ!]
vragen (ww)	pyes	[pýɛs]
antwoorden (ww)	përgjigjem	[pərɟíɟɛm]
horen (ww)	dëgjoj	[dəɟój]
goed (bw)	mirë	[mírə]
slecht (bw)	jo mirë	[jo mírə]
storingen (mv.)	zhurmë (f)	[ʒúrmə]
hoorn (de)	marrës (m)	[márəs]
opnemen (ww)	ngre telefonin	[ŋré tɛlɛfónin]
ophangen (ww)	mbyll telefonin	[mbýɬ tɛlɛfónin]
bezet (bn)	i zënë	[i zénə]
overgaan (ww)	bie zilja	[bíɛ zílja]
telefoonboek (het)	numerator telefonik (m)	[numɛratór tɛlɛfoník]
lokaal (bn)	lokale	[lokálɛ]
lokaal gesprek (het)	thirrje lokale (f)	[θírjɛ lokálɛ]
interlokaal (bn)	distancë e largët	[distántsə ɛ lárgət]
interlokaal gesprek (het)	thirrje në distancë (f)	[θírjɛ nə distántsə]
buitenlands (bn)	ndërkombëtar	[ndərkombətár]
buitenlands gesprek (het)	thirrje ndërkombëtare (f)	[θírjɛ ndərkombətárɛ]

80. Mobiele telefoon

mobieltje (het)	celular (m)	[tsɛlulár]
scherm (het)	ekran (m)	[ɛkrán]
toets, knop (de)	buton (m)	[butón]
simkaart (de)	karta SIM (m)	[kárta sim]
batterij (de)	bateri (f)	[batɛrí]
leeg zijn (ww)	e shkarkuar	[ɛ ʃkarkúar]
acculader (de)	karikues (m)	[karikúɛs]
menu (het)	menu (f)	[mɛnú]
instellingen (mv.)	parametra (f)	[parámétra]
melodie (beltoon)	melodi (f)	[mɛlodí]
selecteren (ww)	përzgjedh	[pərzɟéð]
rekenmachine (de)	makinë llogaritëse (f)	[makíne ɫogarítəsɛ]
voicemail (de)	postë zanore (f)	[póstə zanórɛ]
wekker (de)	alarm (m)	[alárm]
contacten (mv.)	kontakte (pl)	[kontáktɛ]
SMS-bericht (het)	SMS (m)	[ɛsɛmɛs]
abonnee (de)	abonent (m)	[abonént]

81. Schrijfbehoeften

balpen (de)	stilolaps (m)	[stiloláps]
vulpen (de)	stilograf (m)	[stilográf]
potlood (het)	laps (m)	[láps]
marker (de)	shënjues (m)	[ʃənúɛs]
viltstift (de)	tushë me bojë (f)	[túʃə mɛ bójə]
notitieboekje (het)	bllok shënimesh (m)	[bɫók ʃənímɛʃ]
agenda (boekje)	agjendë (f)	[aɟéndə]
liniaal (de/het)	vizore (f)	[vizórɛ]
rekenmachine (de)	makinë llogaritëse (f)	[makíne ɫogarítəsɛ]
gom (de)	gomë (f)	[gómə]
punaise (de)	pineskë (f)	[pinéskə]
paperclip (de)	kapëse fletësh (f)	[kápəsɛ flétəʃ]
lijm (de)	ngjitës (m)	[nɟítəs]
nietmachine (de)	ngjitës metalik (m)	[nɟítɛs mɛtalík]
perforator (de)	hapës vrimash (m)	[hápəs vrímaʃ]
potloodslijper (de)	mprehëse lapsash (m)	[mpréhəsɛ lápsaʃ]

82. Soorten bedrijven

boekhouddiensten (mv.)	kontabilitet (m)	[kontabilitét]
reclame (de)	reklamë (f)	[rɛklámə]

Nederlands	Albanees	Uitspraak
reclamebureau (het)	agjenci reklamash (f)	[aɟɛntsí rɛklámaʃ]
airconditioning (de)	kondicioner (m)	[konditsionér]
luchtvaartmaatschappij (de)	kompani ajrore (f)	[kompaní ajrórɛ]
alcoholische dranken (mv.)	pije alkoolike (pl)	[píjɛ alkoólikɛ]
antiek (het)	antikitete (pl)	[antikitétɛ]
kunstgalerie (de)	galeri e artit (f)	[galɛrí ɛ ártit]
audit diensten (mv.)	shërbime auditimi (pl)	[ʃərbímɛ auditími]
banken (mv.)	industri bankare (f)	[industrí bankárɛ]
bar (de)	lokal (m)	[lokál]
schoonheidssalon (de/het)	sallon bukurie (m)	[saɫón bukuríɛ]
boekhandel (de)	librari (f)	[librarí]
bierbrouwerij (de)	birrari (f)	[birarí]
zakencentrum (het)	qendër biznesi (f)	[cəndər biznési]
business school (de)	shkollë biznesi (f)	[ʃkóɫə biznési]
casino (het)	kazino (f)	[kazíno]
bouwbedrijven (mv.)	ndërtim (m)	[ndərtím]
adviesbureau (het)	konsulencë (f)	[konsuléntsə]
tandheelkunde (de)	klinikë dentare (f)	[kliníkə dɛntárɛ]
design (het)	dizajn (m)	[dizájn]
apotheek (de)	farmaci (f)	[farmatsí]
stomerij (de)	pastrim kimik (m)	[pastrím kimík]
uitzendbureau (het)	agjenci punësimi (f)	[aɟɛntsí punəsími]
financiële diensten (mv.)	shërbime financiare (pl)	[ʃərbímɛ finantsiárɛ]
voedingswaren (mv.)	mallra ushqimore (f)	[máɫra uʃcimórɛ]
uitvaartcentrum (het)	agjenci funeralesh (f)	[aɟɛntsí funɛráleʃ]
meubilair (het)	orendi (f)	[orɛndí]
kleding (de)	rroba (f)	[róba]
hotel (het)	hotel (m)	[hotél]
ijsje (het)	akullore (f)	[akuɫórɛ]
industrie (de)	industri (f)	[industrí]
verzekering (de)	sigurim (m)	[sigurím]
Internet (het)	internet (m)	[intɛrnét]
investeringen (mv.)	investim (m)	[invɛstím]
juwelier (de)	argjendar (m)	[arɟɛndár]
juwelen (mv.)	bizhuteri (f)	[biʒutɛrí]
wasserette (de)	lavanteri (f)	[lavantɛrí]
juridische diensten (mv.)	këshilltar ligjor (m)	[kəʃiɫtár liɟór]
lichte industrie (de)	industri e lehtë (f)	[industrí ɛ léhtə]
tijdschrift (het)	revistë (f)	[rɛvístə]
postorderbedrijven (mv.)	shitje me katalog (f)	[ʃítjɛ mɛ katalóg]
medicijnen (mv.)	mjekësi (f)	[mjɛkəsí]
bioscoop (de)	kinema (f)	[kinɛmá]
museum (het)	muze (m)	[muzé]
persbureau (het)	agjenci lajmesh (f)	[aɟɛntsí lájmɛʃ]
krant (de)	gazetë (f)	[gazétə]
nachtclub (de)	klub nate (m)	[klúb nátɛ]
olie (aardolie)	naftë (f)	[náftə]

koerierdienst (de)	shërbime postare (f)	[ʃərbímɛ postárɛ]
farmacie (de)	industria farmaceutike (f)	[industría farmatsɛutíkɛ]
drukkerij (de)	shtyp (m)	[ʃtyp]
uitgeverij (de)	shtëpi botuese (f)	[ʃtəpí botúɛsɛ]

radio (de)	radio (f)	[rádio]
vastgoed (het)	patundshmëri (f)	[patundʃmərí]
restaurant (het)	restorant (m)	[rɛstoránt]

bewakingsfirma (de)	kompani sigurimi (f)	[kompaní sigurími]
sport (de)	sport (m)	[sport]
handelsbeurs (de)	bursë (f)	[búrsə]
winkel (de)	dyqan (m)	[dycán]
supermarkt (de)	supermarket (m)	[supɛrmarkét]
zwembad (het)	pishinë (f)	[piʃínə]

naaiatelier (het)	rrobaqepësi (f)	[robacɛpəsí]
televisie (de)	televizor (m)	[tɛlɛvizór]
theater (het)	teatër (m)	[tɛátər]
handel (de)	tregti (f)	[trɛgtí]
transport (het)	transport (m)	[transpórt]
toerisme (het)	udhëtim (m)	[uðətím]

dierenarts (de)	veteriner (m)	[vɛtɛrinér]
magazijn (het)	magazinë (f)	[magazínə]
afvalinzameling (de)	mbledhja e mbeturinave (f)	[mbléðja ɛ mbɛturínavɛ]

Baan. Business. Deel 2

83. Show. Tentoonstelling

beurs (de)	ekspozitë (f)	[εkspozítə]
vakbeurs, handelsbeurs (de)	panair (m)	[panaír]
deelneming (de)	pjesëmarrje (f)	[pjɛsəmárjɛ]
deelnemen (ww)	marr pjesë	[mar pjésə]
deelnemer (de)	pjesëmarrës (m)	[pjɛsəmárəs]
directeur (de)	drejtor (m)	[drɛjtór]
organisatiecomité (het)	zyra drejtuese (f)	[zýra drɛjtúɛsɛ]
organisator (de)	organizator (m)	[organizatór]
organiseren (ww)	organizoj	[organizój]
deelnemingsaanvraag (de)	kërkesë për pjesëmarrje (f)	[kərkésə pər pjɛsəmárjɛ]
invullen (een formulier ~)	plotësoj	[plotəsój]
details (mv.)	hollësi (pl)	[hołəsí]
informatie (de)	informacion (m)	[informatsión]
prijs (de)	çmim (m)	[tʃmím]
inclusief (bijv. ~ BTW)	përfshirë	[pərfʃírə]
inbegrepen (alles ~)	përfshij	[pərfʃíj]
betalen (ww)	paguaj	[pagúaj]
registratietarief (het)	taksa e regjistrimit (f)	[táksa ɛ rɛɟistrímit]
ingang (de)	hyrje (f)	[hýrjɛ]
paviljoen (het), hal (de)	pavijon (m)	[pavijón]
registreren (ww)	regjistroj	[rɛɟistrój]
badge, kaart (de)	kartë identifikimi (f)	[kártə idɛntifikími]
beursstand (de)	kioskë (f)	[kióskə]
reserveren (een stand ~)	rezervoj	[rɛzɛrvój]
vitrine (de)	vitrinë (f)	[vitrínə]
licht (het)	dritë (f)	[drítə]
design (het)	dizajn (m)	[dizájn]
plaatsen (ww)	vendos	[vɛndós]
geplaatst zijn (ww)	vendosur	[vɛndósur]
distributeur (de)	distributor (m)	[distributór]
leverancier (de)	furnitor (m)	[furnitór]
leveren (ww)	furnizoj	[furnizój]
land (het)	shtet (m)	[ʃtɛt]
buitenlands (bn)	huaj	[húaj]
product (het)	produkt (m)	[prodúkt]
associatie (de)	shoqatë (f)	[ʃocátə]
conferentiezaal (de)	sallë konference (f)	[sáłə konfɛréntsɛ]

| congres (het) | kongres (m) | [koŋrés] |
| wedstrijd (de) | konkurs (m) | [konkúrs] |

bezoeker (de)	vizitor (m)	[vizitór]
bezoeken (ww)	vizitoj	[vizitój]
afnemer (de)	klient (m)	[kliént]

84. Wetenschap. Onderzoek. Wetenschappers

wetenschap (de)	shkencë (f)	[ʃkéntsə]
wetenschappelijk (bn)	shkencore	[ʃkɛntsórɛ]
wetenschapper (de)	shkencëtar (m)	[ʃkɛntsətár]
theorie (de)	teori (f)	[tɛorí]

axioma (het)	aksiomë (f)	[aksiómə]
analyse (de)	analizë (f)	[analízə]
analyseren (ww)	analizoj	[analizój]
argument (het)	argument (m)	[arguménkt]
substantie (de)	substancë (f)	[substántsə]

hypothese (de)	hipotezë (f)	[hipotézə]
dilemma (het)	dilemë (f)	[dilémə]
dissertatie (de)	disertacion (m)	[disɛrtatsión]
dogma (het)	dogma (f)	[dógma]

doctrine (de)	doktrinë (f)	[doktrínə]
onderzoek (het)	kërkim (m)	[kərkím]
onderzoeken (ww)	kërkoj	[kərkój]
toetsing (de)	analizë (f)	[analízə]
laboratorium (het)	laborator (m)	[laboratór]

methode (de)	metodë (f)	[mɛtódə]
molecule (de/het)	molekulë (f)	[molɛkúlə]
monitoring (de)	monitorim (m)	[monitorím]
ontdekking (de)	zbulim (m)	[zbulím]

postulaat (het)	postulat (m)	[postulát]
principe (het)	parim (m)	[parím]
voorspelling (de)	parashikim (m)	[paraʃikím]
een prognose maken	parashikoj	[paraʃikój]

synthese (de)	sintezë (f)	[sintézə]
tendentie (de)	trend (m)	[trɛnd]
theorema (het)	teoremë (f)	[tɛorémə]

leerstellingen (mv.)	mësim (m)	[məsím]
feit (het)	fakt (m)	[fakt]
expeditie (de)	ekspeditë (f)	[ɛkspɛdítə]
experiment (het)	eksperiment (m)	[ɛkspɛrimént]

academicus (de)	akademik (m)	[akadɛmík]
bachelor (bijv. BA, LLB)	baçelor (m)	[bátʃɛlor]
doctor (de)	doktor shkencash (m)	[doktór ʃkéntsaʃ]
universitair docent (de)	Profesor i Asociuar (m)	[profɛsór i asotsiúar]

master, magister (de)	**Master** (m)	[mastér]
professor (de)	**profesor** (m)	[profɛsór]

Beroepen en ambachten

85. Zoeken naar werk. Ontslag

baan (de)	punë (f)	[púnə]
werknemers (mv.)	staf (m)	[staf]
personeel (het)	personel (m)	[pɛrsonél]
carrière (de)	karrierë (f)	[kariérə]
vooruitzichten (mv.)	mundësi (f)	[mundəsí]
meesterschap (het)	aftësi (f)	[aftəsí]
keuze (de)	përzgjedhje (f)	[pərzɟéðjɛ]
uitzendbureau (het)	agjenci punësimi (f)	[aɟɛntsí punəsími]
CV, curriculum vitae (het)	resume (f)	[rɛsumé]
sollicitatiegesprek (het)	intervistë punësimi (f)	[intɛrvístə punəsími]
vacature (de)	vend i lirë pune (m)	[vɛnd i lírə púnɛ]
salaris (het)	rrogë (f)	[rógə]
vaste salaris (het)	rrogë fikse (f)	[rógə fíksɛ]
loon (het)	pagesë (f)	[pagésə]
betrekking (de)	post (m)	[post]
taak, plicht (de)	detyrë (f)	[dɛtýrə]
takenpakket (het)	lista e detyrave (f)	[lísta ɛ dɛtýravɛ]
bezig (~ zijn)	i zënë	[i zénə]
ontslagen (ww)	pushoj nga puna	[puʃój ŋa púna]
ontslag (het)	pushim nga puna (m)	[puʃím ŋa púna]
werkloosheid (de)	papunësi (m)	[papunəsí]
werkloze (de)	i papunë (m)	[i papúnə]
pensioen (het)	pension (m)	[pɛnsión]
met pensioen gaan	dal në pension	[dál nə pɛnsión]

86. Zakenmensen

directeur (de)	drejtor (m)	[drɛjtór]
beheerder (de)	drejtor (m)	[drɛjtór]
hoofd (het)	bos (m)	[bos]
baas (de)	epror (m)	[ɛprór]
superieuren (mv.)	eprorët (pl)	[ɛprórət]
president (de)	president (m)	[prɛsidént]
voorzitter (de)	kryetar (m)	[kryɛtár]
adjunct (de)	zëvendës (m)	[zəvéndəs]
assistent (de)	ndihmës (m)	[ndíhməs]

secretaris (de)	sekretar (m)	[sɛkrɛtár]
persoonlijke assistent (de)	ndihmës personal (m)	[ndíhməs pɛrsonál]
zakenman (de)	biznesmen (m)	[biznɛsmén]
ondernemer (de)	sipërmarrës (m)	[sipərmárəs]
oprichter (de)	themelues (m)	[θɛmɛlúɛs]
oprichten (een nieuw bedrijf ~)	themeloj	[θɛmɛlój]
stichter (de)	bashkëthemelues (m)	[baʃkəθɛmɛlúɛs]
partner (de)	partner (m)	[partnér]
aandeelhouder (de)	aksioner (m)	[aksionér]
miljonair (de)	milioner (m)	[milionér]
miljardair (de)	bilioner (m)	[bilionér]
eigenaar (de)	pronar (m)	[pronár]
landeigenaar (de)	pronar tokash (m)	[pronár tókaʃ]
klant (de)	klient (m)	[kliént]
vaste klant (de)	klient i rregullt (m)	[kliént i réguɫt]
koper (de)	blerës (m)	[blérəs]
bezoeker (de)	vizitor (m)	[vizitór]
professioneel (de)	profesionist (m)	[profɛsioníst]
expert (de)	ekspert (m)	[ɛkspért]
specialist (de)	specialist (m)	[spɛtsialíst]
bankier (de)	bankier (m)	[bankiér]
makelaar (de)	komisioner (m)	[komisionér]
kassier (de)	arkëtar (m)	[arkətár]
boekhouder (de)	kontabilist (m)	[kontabilíst]
bewaker (de)	roje sigurimi (m)	[rójɛ sigurími]
investeerder (de)	investitor (m)	[invɛstitór]
schuldenaar (de)	debitor (m)	[dɛbitór]
crediteur (de)	kreditor (m)	[krɛditór]
lener (de)	huamarrës (m)	[huamárəs]
importeur (de)	importues (m)	[importúɛs]
exporteur (de)	eksportues (m)	[ɛksportúɛs]
producent (de)	prodhues (m)	[proðúɛs]
distributeur (de)	distributor (m)	[distributór]
bemiddelaar (de)	ndërmjetës (m)	[ndərmjétəs]
adviseur, consulent (de)	këshilltar (m)	[kəʃiɫtár]
vertegenwoordiger (de)	përfaqësues i shitjeve (m)	[pərfacəsúɛs i ʃitjévɛ]
agent (de)	agjent (m)	[aɟént]
verzekeringsagent (de)	agjent sigurimesh (m)	[aɟént sigurímɛʃ]

87. Dienstverlenende beroepen

kok (de)	kuzhinier (m)	[kuʒiniér]
chef-kok (de)	shef kuzhine (m)	[ʃɛf kuʒínɛ]

bakker (de)	furrtar (m)	[furtár]
barman (de)	banakier (m)	[banakiér]
kelner, ober (de)	kamerier (m)	[kamɛriér]
serveerster (de)	kameriere (f)	[kamɛriérɛ]
advocaat (de)	avokat (m)	[avokát]
jurist (de)	jurist (m)	[juríst]
notaris (de)	noter (m)	[notér]
elektricien (de)	elektricist (m)	[ɛlɛktritsíst]
loodgieter (de)	hidraulik (m)	[hidraulík]
timmerman (de)	marangoz (m)	[maraŋóz]
masseur (de)	masazhist (m)	[masaʒíst]
masseuse (de)	masazhiste (f)	[masaʒístɛ]
dokter, arts (de)	mjek (m)	[mjék]
taxichauffeur (de)	shofer taksie (m)	[ʃofér taksíɛ]
chauffeur (de)	shofer (m)	[ʃofér]
koerier (de)	postier (m)	[postiér]
kamermeisje (het)	pastruese (f)	[pastrúɛsɛ]
bewaker (de)	roje sigurimi (m)	[rójɛ sigurími]
stewardess (de)	stjuardesë (f)	[stjuardésə]
meester (de)	mësues (m)	[məsúɛs]
bibliothecaris (de)	punonjës biblioteke (m)	[punóɲəs bibliotékɛ]
vertaler (de)	përkthyes (m)	[pərkθýɛs]
tolk (de)	përkthyes (m)	[pərkθýɛs]
gids (de)	udhërrëfyes (m)	[uðərəfýɛs]
kapper (de)	parukiere (f)	[parukiérɛ]
postbode (de)	postier (m)	[postiér]
verkoper (de)	shitës (m)	[ʃítəs]
tuinman (de)	kopshtar (m)	[kopʃtár]
huisbediende (de)	shërbëtor (m)	[ʃərbətór]
dienstmeisje (het)	shërbëtore (f)	[ʃərbətórɛ]
schoonmaakster (de)	pastruese (f)	[pastrúɛsɛ]

88. Militaire beroepen en rangen

soldaat (rang)	ushtar (m)	[uʃtár]
sergeant (de)	rreshter (m)	[rɛʃtér]
luitenant (de)	toger (m)	[togér]
kapitein (de)	kapiten (m)	[kapitén]
majoor (de)	major (m)	[majór]
kolonel (de)	kolonel (m)	[kolonél]
generaal (de)	gjeneral (m)	[ɟenerál]
maarschalk (de)	marshall (m)	[marʃáɫ]
admiraal (de)	admiral (m)	[admirál]
militair (de)	ushtri (f)	[uʃtrí]
soldaat (de)	ushtar (m)	[uʃtár]

officier (de)	oficer (m)	[ofitsér]
commandant (de)	komandant (m)	[komandánt]
grenswachter (de)	roje kufiri (m)	[rójɛ kufíri]
marconist (de)	radist (m)	[radíst]
verkenner (de)	eksplorues (m)	[ɛksplorúɛs]
sappeur (de)	xhenier (m)	[dʒɛniér]
schutter (de)	shënjues (m)	[ʃənúɛs]
stuurman (de)	navigues (m)	[navigúɛs]

89. Ambtenaren. Priesters

koning (de)	mbret (m)	[mbrét]
koningin (de)	mbretëreshë (f)	[mbrɛtəréʃə]
prins (de)	princ (m)	[prints]
prinses (de)	princeshë (f)	[printséʃə]
tsaar (de)	car (m)	[tsár]
tsarina (de)	carina (f)	[tsarína]
president (de)	president (m)	[prɛsidént]
minister (de)	ministër (m)	[minístər]
eerste minister (de)	kryeministër (m)	[kryɛminístər]
senator (de)	senator (m)	[sɛnatór]
diplomaat (de)	diplomat (m)	[diplomát]
consul (de)	konsull (m)	[kónsuɬ]
ambassadeur (de)	ambasador (m)	[ambasadór]
adviseur (de)	këshilltar diplomatik (m)	[kəʃiɬtár diplomatík]
ambtenaar (de)	zyrtar (m)	[zyrtár]
prefect (de)	prefekt (m)	[prɛfékt]
burgemeester (de)	kryetar komune (m)	[kryɛtár komúnɛ]
rechter (de)	gjykatës (m)	[ɟykátəs]
aanklager (de)	prokuror (m)	[prokurór]
missionaris (de)	misionar (m)	[misionár]
monnik (de)	murg (m)	[murg]
abt (de)	abat (m)	[abát]
rabbi, rabbijn (de)	rabin (m)	[rabín]
vizier (de)	vezir (m)	[vɛzír]
sjah (de)	shah (m)	[ʃah]
sjeik (de)	sheik (m)	[ʃéik]

90. Agrarische beroepen

imker (de)	bletar (m)	[blɛtár]
herder (de)	bari (m)	[barí]
landbouwkundige (de)	agronom (m)	[agronóm]

veehouder (de)	rritës bagëtish (m)	[rítəs bagətíʃ]
dierenarts (de)	veteriner (m)	[vɛtɛrinér]
landbouwer (de)	fermer (m)	[fɛrmér]
wijnmaker (de)	prodhues verërash (m)	[prod̪úɛs vérəraʃ]
zoöloog (de)	zoolog (m)	[zoológ]
cowboy (de)	lopar (m)	[lopár]

91. Kunst beroepen

acteur (de)	aktor (m)	[aktór]
actrice (de)	aktore (f)	[aktórɛ]
zanger (de)	këngëtar (m)	[kəŋətár]
zangeres (de)	këngëtare (f)	[kəŋətárɛ]
danser (de)	valltar (m)	[vaɫtár]
danseres (de)	valltare (f)	[vaɫtárɛ]
artiest (mann.)	artist (m)	[artíst]
artiest (vrouw.)	artiste (f)	[artístɛ]
muzikant (de)	muzikant (m)	[muzikánt]
pianist (de)	pianist (m)	[pianíst]
gitarist (de)	kitarist (m)	[kitaríst]
orkestdirigent (de)	dirigjent (m)	[diriɟént]
componist (de)	kompozitor (m)	[kompozitór]
impresario (de)	organizator (m)	[organizatór]
filmregisseur (de)	regjisor (m)	[rɛɟisór]
filmproducent (de)	producent (m)	[produtsént]
scenarioschrijver (de)	skenarist (m)	[skɛnaríst]
criticus (de)	kritik (m)	[kritík]
schrijver (de)	shkrimtar (m)	[ʃkrimtár]
dichter (de)	poet (m)	[poét]
beeldhouwer (de)	skulptor (m)	[skulptór]
kunstenaar (de)	piktor (m)	[piktór]
jongleur (de)	zhongler (m)	[ʒoŋlér]
clown (de)	kloun (m)	[kloún]
acrobaat (de)	akrobat (m)	[akrobát]
goochelaar (de)	magjistar (m)	[maɟistár]

92. Verschillende beroepen

dokter, arts (de)	mjek (m)	[mjék]
ziekenzuster (de)	infermiere (f)	[infɛrmiérɛ]
psychiater (de)	psikiatër (m)	[psikiátər]
tandarts (de)	dentist (m)	[dɛntíst]
chirurg (de)	kirurg (m)	[kirúrg]

astronaut (de)	astronaut (m)	[astronaút]
astronoom (de)	astronom (m)	[astronóm]
piloot (de)	pilot (m)	[pilót]
chauffeur (de)	shofer (m)	[ʃofér]
machinist (de)	makinist (m)	[makiníst]
mecanicien (de)	mekanik (m)	[mɛkaník]
mijnwerker (de)	minator (m)	[minatór]
arbeider (de)	punëtor (m)	[punətór]
bankwerker (de)	bravandreqës (m)	[bravandrécəs]
houtbewerker (de)	marangoz (m)	[maraŋóz]
draaier (de)	tornitor (m)	[tornitór]
bouwvakker (de)	punëtor ndërtimi (m)	[punətór ndərtími]
lasser (de)	saldator (m)	[saldatór]
professor (de)	profesor (m)	[profɛsór]
architect (de)	arkitekt (m)	[arkitékt]
historicus (de)	historian (m)	[historián]
wetenschapper (de)	shkencëtar (m)	[ʃkɛntsətár]
fysicus (de)	fizikant (m)	[fizikánt]
scheikundige (de)	kimist (m)	[kimíst]
archeoloog (de)	arkeolog (m)	[arkɛológ]
geoloog (de)	gjeolog (m)	[ɟɛológ]
onderzoeker (de)	studiues (m)	[studiúɛs]
babysitter (de)	dado (f)	[dádo]
leraar, pedagoog (de)	mësues (m)	[məsúɛs]
redacteur (de)	redaktor (m)	[rɛdaktór]
chef-redacteur (de)	kryeredaktor (m)	[kryɛrɛdaktór]
correspondent (de)	korrespondent (m)	[korɛspondént]
typiste (de)	daktilografiste (f)	[daktilografístɛ]
designer (de)	projektues (m)	[projɛktúɛs]
computerexpert (de)	ekspert kompjuterësh (m)	[ɛkspért kompjutérəʃ]
programmeur (de)	programues (m)	[programúɛs]
ingenieur (de)	inxhinier (m)	[indʒiniér]
matroos (de)	marinar (m)	[marinár]
zeeman (de)	marinar (m)	[marinár]
redder (de)	shpëtimtar (m)	[ʃpətimtár]
brandweerman (de)	zjarrfikës (m)	[zjarfíkəs]
politieagent (de)	polic (m)	[políts]
nachtwaker (de)	roje (f)	[rójɛ]
detective (de)	detektiv (m)	[dɛtɛktív]
douanier (de)	doganier (m)	[doganiér]
lijfwacht (de)	truprojë (f)	[truprójə]
gevangenisbewaker (de)	gardian burgu (m)	[gardián búrgu]
inspecteur (de)	inspektor (m)	[inspɛktór]
sportman (de)	sportist (m)	[sportíst]
trainer (de)	trajner (m)	[trajnér]

slager, beenhouwer (de)	kasap (m)	[kasáp]
schoenlapper (de)	këpucëtar (m)	[kəputsətár]
handelaar (de)	tregtar (m)	[trɛgtár]
lader (de)	ngarkues (m)	[ŋarkúɛs]
kledingstilist (de)	stilist (m)	[stilíst]
model (het)	modele (f)	[modélɛ]

93. Beroepen. Sociale status

scholier (de)	nxënës (m)	[ndzénəs]
student (de)	student (m)	[studént]
filosoof (de)	filozof (m)	[filozóf]
econoom (de)	ekonomist (m)	[ɛkonomíst]
uitvinder (de)	shpikës (m)	[ʃpíkəs]
werkloze (de)	i papunë (m)	[i papúnə]
gepensioneerde (de)	pensionist (m)	[pɛnsioníst]
spion (de)	spiun (m)	[spiún]
gedetineerde (de)	i burgosur (m)	[i burgósur]
staker (de)	grevist (m)	[grɛvíst]
bureaucraat (de)	burokrat (m)	[burokrát]
reiziger (de)	udhëtar (m)	[uðətár]
homoseksueel (de)	homoseksual (m)	[homosɛksuál]
hacker (computerkraker)	haker (m)	[hakér]
hippie (de)	hipik (m)	[hipík]
bandiet (de)	bandit (m)	[bandít]
huurmoordenaar (de)	vrasës (m)	[vrásəs]
drugsverslaafde (de)	narkoman (m)	[narkomán]
drugshandelaar (de)	trafikant droge (m)	[trafikánt drógɛ]
prostituee (de)	prostitutë (f)	[prostitútə]
pooier (de)	tutor (m)	[tutór]
tovenaar (de)	magjistar (m)	[maɟistár]
tovenares (de)	shtrigë (f)	[ʃtrígə]
piraat (de)	pirat (m)	[pirát]
slaaf (de)	skllav (m)	[skɫav]
samoerai (de)	samurai (m)	[samurái]
wilde (de)	i egër (m)	[i égər]

Onderwijs

94. School

school (de)	shkollë (f)	[ʃkółə]
schooldirecteur (de)	drejtor shkolle (m)	[drɛjtór ʃkółɛ]
leerling (de)	nxënës (m)	[ndzénəs]
leerlinge (de)	nxënëse (f)	[ndzénəsɛ]
scholier (de)	nxënës (m)	[ndzénəs]
scholiere (de)	nxënëse (f)	[ndzénəsɛ]
leren (lesgeven)	jap mësim	[jap məsím]
studeren (bijv. een taal ~)	mësoj	[məsój]
van buiten leren	mësoj përmendësh	[məsój pərméndəʃ]
leren (bijv. ~ tellen)	mësoj	[məsój]
in school zijn (schooljongen zijn)	jam në shkollë	[jam nə ʃkółə]
naar school gaan	shkoj në shkollë	[ʃkoj nə ʃkółə]
alfabet (het)	alfabet (m)	[alfabét]
vak (schoolvak)	lëndë (f)	[ĺəndə]
klaslokaal (het)	klasë (f)	[klásə]
les (de)	mësim (m)	[məsím]
pauze (de)	pushim (m)	[puʃím]
bel (de)	zile e shkollës (f)	[zílɛ ɛ ʃkółəs]
schooltafel (de)	bankë e shkollës (f)	[bánkə ɛ ʃkółəs]
schoolbord (het)	tabelë e zezë (f)	[tabélə ɛ zézə]
cijfer (het)	notë (f)	[nótə]
goed cijfer (het)	notë e mirë (f)	[nótə ɛ mírə]
slecht cijfer (het)	notë e keqe (f)	[nótə ɛ kécɛ]
een cijfer geven	vendos notë	[vɛndós nótə]
fout (de)	gabim (m)	[gabím]
fouten maken	bëj gabime	[bəj gabímɛ]
corrigeren (fouten ~)	korrigjoj	[koriɟój]
spiekbriefje (het)	kopje (f)	[kópjɛ]
huiswerk (het)	detyrë shtëpie (f)	[dɛtýrə ʃtəpíɛ]
oefening (de)	ushtrim (m)	[uʃtrím]
aanwezig zijn (ww)	jam prezent	[jam prɛzént]
absent zijn (ww)	mungoj	[muŋój]
school verzuimen	mungoj në shkollë	[muŋój nə ʃkółə]
bestraffen (een stout kind ~)	ndëshkoj	[ndəʃkój]
bestraffing (de)	ndëshkim (m)	[ndəʃkím]

gedrag (het)	sjellje (f)	[sjétjɛ]
cijferlijst (de)	dëftesë (f)	[dəftésə]
potlood (het)	laps (m)	[láps]
gom (de)	gomë (f)	[gómə]
krijt (het)	shkumës (m)	[ʃkúməs]
pennendoos (de)	portofol lapsash (m)	[portofól lápsaʃ]
boekentas (de)	çantë shkolle (f)	[tʃántə ʃkóɫɛ]
pen (de)	stilolaps (m)	[stiloláps]
schrift (de)	fletore (f)	[flɛtórɛ]
leerboek (het)	tekst mësimor (m)	[tɛkst məsimór]
passer (de)	kompas (m)	[kompás]
technisch tekenen (ww)	vizatoj	[vizatój]
technische tekening (de)	vizatim teknik (m)	[vizatím tɛkník]
gedicht (het)	poezi (f)	[poɛzí]
van buiten (bw)	përmendësh	[pərméndəʃ]
van buiten leren	mësoj përmendësh	[məsój pərméndəʃ]
vakantie (de)	pushimet e shkollës (m)	[puʃímɛt ɛ ʃkóɫəs]
met vakantie zijn	jam me pushime	[jam mɛ puʃímɛ]
vakantie doorbrengen	kaloj pushimet	[kalój puʃímɛt]
toets (schriftelijke ~)	test (m)	[tɛst]
opstel (het)	ese (f)	[ɛsé]
dictee (het)	diktim (m)	[diktím]
examen (het)	provim (m)	[provím]
examen afleggen	kam provim	[kam provím]
experiment (het)	eksperiment (m)	[ɛkspɛrimént]

95. Hogeschool. Universiteit

academie (de)	akademi (f)	[akadɛmí]
universiteit (de)	universitet (m)	[univɛrsitét]
faculteit (de)	fakultet (m)	[fakultét]
student (de)	student (m)	[studént]
studente (de)	studente (f)	[studéntɛ]
leraar (de)	pedagog (m)	[pɛdagóg]
collegezaal (de)	auditor (m)	[auditór]
afgestudeerde (de)	i diplomuar (m)	[i diplomúar]
diploma (het)	diplomë (f)	[diplómə]
dissertatie (de)	disertacion (m)	[disɛrtatsión]
onderzoek (het)	studim (m)	[studím]
laboratorium (het)	laborator (m)	[laboratór]
college (het)	leksion (m)	[lɛksión]
medestudent (de)	shok kursi (m)	[ʃok kúrsi]
studiebeurs (de)	bursë (f)	[búrsə]
academische graad (de)	diplomë akademike (f)	[diplómə akadɛmíkɛ]

96. Wetenschappen. Disciplines

wiskunde (de)	matematikë (f)	[matɛmatíkə]
algebra (de)	algjebër (f)	[alɟébər]
meetkunde (de)	gjeometri (f)	[ɟɛomɛtrí]
astronomie (de)	astronomi (f)	[astronomí]
biologie (de)	biologji (f)	[bioloɟí]
geografie (de)	gjeografi (f)	[ɟɛografí]
geologie (de)	gjeologji (f)	[ɟɛoloɟí]
geschiedenis (de)	histori (f)	[historí]
geneeskunde (de)	mjekësi (f)	[mjɛkəsí]
pedagogiek (de)	pedagogji (f)	[pɛdagoɟí]
rechten (mv.)	drejtësi (f)	[drɛjtəsí]
fysica, natuurkunde (de)	fizikë (f)	[fizíkə]
scheikunde (de)	kimi (f)	[kimí]
filosofie (de)	filozofi (f)	[filozofí]
psychologie (de)	psikologji (f)	[psikoloɟí]

97. Schrift. Spelling

grammatica (de)	gramatikë (f)	[gramatíkə]
vocabulaire (het)	fjalor (m)	[fjalór]
fonetiek (de)	fonetikë (f)	[fonɛtíkə]
zelfstandig naamwoord (het)	emër (m)	[émər]
bijvoeglijk naamwoord (het)	mbiemër (m)	[mbiémər]
werkwoord (het)	folje (f)	[fóljɛ]
bijwoord (het)	ndajfolje (f)	[ndajfóljɛ]
voornaamwoord (het)	përemër (m)	[pərémər]
tussenwerpsel (het)	pasthirrmë (f)	[pasθírrmə]
voorzetsel (het)	parafjalë (f)	[parafjálə]
stam (de)	rrënjë (f)	[réɲə]
achtervoegsel (het)	fundore (f)	[fundórɛ]
voorvoegsel (het)	parashtesë (f)	[paraʃtésə]
lettergreep (de)	rrokje (f)	[rókjɛ]
achtervoegsel (het)	prapashtesë (f)	[prapaʃtésə]
nadruk (de)	theks (m)	[θɛks]
afkappingsteken (het)	apostrof (m)	[apostróf]
punt (de)	pikë (f)	[píkə]
komma (de/het)	presje (f)	[présjɛ]
puntkomma (de)	pikëpresje (f)	[pikəprésjɛ]
dubbelpunt (de)	dy pika (f)	[dy píka]
beletselteken (het)	tre pika (f)	[trɛ píka]
vraagteken (het)	pikëpyetje (f)	[pikəpýɛtjɛ]
uitroepteken (het)	pikëçuditje (f)	[pikətʃudítjɛ]

aanhalingstekens (mv.)	thonjëza (f)	[θóɲəza]
tussen aanhalingstekens (bw)	në thonjëza	[nə θóɲəza]
haakjes (mv.)	kllapa (f)	[kɫápa]
tussen haakjes (bw)	brenda kllapave	[brénda kɫápavɛ]
streepje (het)	vizë ndarëse (f)	[vízə ndárəsɛ]
gedachtestreepje (het)	vizë (f)	[vízə]
spatie	hapësirë (f)	[hapəsírə]
(~ tussen twee woorden)		
letter (de)	shkronjë (f)	[ʃkróɲə]
hoofdletter (de)	shkronjë e madhe (f)	[ʃkróɲə ɛ máðɛ]
klinker (de)	zanore (f)	[zanórɛ]
medeklinker (de)	bashkëtingëllore (f)	[baʃkətiŋəɫórɛ]
zin (de)	fjali (f)	[fjalí]
onderwerp (het)	kryefjalë (f)	[kryɛfjálə]
gezegde (het)	kallëzues (m)	[kaɫəzúɛs]
regel (in een tekst)	rresht (m)	[réʃt]
op een nieuwe regel (bw)	rresht i ri	[réʃt i rí]
alinea (de)	paragraf (m)	[paragráf]
woord (het)	fjalë (f)	[fjálə]
woordgroep (de)	grup fjalësh (m)	[grup fjáləʃ]
uitdrukking (de)	shprehje (f)	[ʃpréhjɛ]
synoniem (het)	sinonim (m)	[sinoním]
antoniem (het)	antonim (m)	[antoním]
regel (de)	rregull (m)	[réguɫ]
uitzondering (de)	përjashtim (m)	[pərjaʃtím]
correct (bijv. ~e spelling)	saktë	[sáktə]
vervoeging, conjugatie (de)	lakim (m)	[lakím]
verbuiging, declinatie (de)	rasë	[rásə]
naamval (de)	rasë emërore (f)	[rásə ɛmərórɛ]
vraag (de)	pyetje (f)	[pýɛtjɛ]
onderstrepen (ww)	nënvijëzoj	[nənvijəzój]
stippellijn (de)	vijë me ndërprerje (f)	[víjə mɛ ndərprérjɛ]

98. Vreemde talen

taal (de)	gjuhë (f)	[ɟúhə]
vreemd (bn)	huaj	[húaj]
vreemde taal (de)	gjuhë e huaj (f)	[ɟúhə ɛ húaj]
leren (bijv. van buiten ~)	studioj	[studiój]
studeren (Nederlands ~)	mësoj	[məsój]
lezen (ww)	lexoj	[lɛdzój]
spreken (ww)	flas	[flas]
begrijpen (ww)	kuptoj	[kuptój]
schrijven (ww)	shkruaj	[ʃkrúaj]
snel (bw)	shpejt	[ʃpɛjt]

langzaam (bw)	ngadalë	[ŋadálə]
vloeiend (bw)	rrjedhshëm	[rjéðʃəm]
regels (mv.)	rregullat (pl)	[régutat]
grammatica (de)	gramatikë (f)	[gramatíkə]
vocabulaire (het)	fjalor (m)	[fjalór]
fonetiek (de)	fonetikë (f)	[fonɛtíkə]
leerboek (het)	tekst mësimor (m)	[tɛkst məsimór]
woordenboek (het)	fjalor (m)	[fjalór]
leerboek (het) voor zelfstudie	libër i mësimit autodidakt (m)	[líbər i məsímit autodidákt]
taalgids (de)	libër frazeologjik (m)	[líbər frazɛoloɟík]
cassette (de)	kasetë (f)	[kasétə]
videocassette (de)	videokasetë (f)	[vidɛokasétə]
CD (de)	CD (f)	[tsɛdé]
DVD (de)	DVD (m)	[dividí]
alfabet (het)	alfabet (m)	[alfabét]
spellen (ww)	gërmëzoj	[gərməzój]
uitspraak (de)	shqiptim (m)	[ʃciptím]
accent (het)	aksent (m)	[aksént]
met een accent (bw)	me aksent	[mɛ aksént]
zonder accent (bw)	pa aksent	[pa aksént]
woord (het)	fjalë (f)	[fjálə]
betekenis (de)	kuptim (m)	[kuptím]
cursus (de)	kurs (m)	[kurs]
zich inschrijven (ww)	regjistrohem	[rɛɟistróhɛm]
leraar (de)	mësues (m)	[məsúɛs]
vertaling (een ~ maken)	përkthim (m)	[pərkθím]
vertaling (tekst)	përkthim (m)	[pərkθím]
vertaler (de)	përkthyes (m)	[pərkθýɛs]
tolk (de)	përkthyes (m)	[pərkθýɛs]
polyglot (de)	poliglot (m)	[poliglót]
geheugen (het)	kujtesë (f)	[kujtésə]

Rusten. Entertainment. Reizen

99. Trip. Reizen

toerisme (het)	turizëm (m)	[turízəm]
toerist (de)	turist (m)	[turíst]
reis (de)	udhëtim (m)	[uðətím]
avontuur (het)	aventurë (f)	[avɛntúrə]
tocht (de)	udhëtim (m)	[uðətím]
vakantie (de)	pushim (m)	[puʃím]
met vakantie zijn	jam me pushime	[jam mɛ puʃímɛ]
rust (de)	pushim (m)	[puʃím]
trein (de)	tren (m)	[trɛn]
met de trein	me tren	[mɛ trén]
vliegtuig (het)	avion (m)	[avión]
met het vliegtuig	me avion	[mɛ avión]
met de auto	me makinë	[mɛ makínə]
per schip (bw)	me anije	[mɛ aníjɛ]
bagage (de)	bagazh (m)	[bagáʒ]
valies (de)	valixhe (f)	[valídʒɛ]
bagagekarretje (het)	karrocë bagazhesh (f)	[karótsə bagáʒɛʃ]
paspoort (het)	pasaportë (f)	[pasapórtə]
visum (het)	vizë (f)	[vízə]
kaartje (het)	biletë (f)	[bilétə]
vliegticket (het)	biletë avioni (f)	[bilétə avióni]
reisgids (de)	guidë turistike (f)	[guídə turistíkɛ]
kaart (de)	hartë (f)	[hártə]
gebied (landelijk ~)	zonë (f)	[zónə]
plaats (de)	vend (m)	[vɛnd]
exotische bestemming (de)	ekzotikë (f)	[ɛkzotíkə]
exotisch (bn)	ekzotik	[ɛkzotík]
verwonderlijk (bn)	mahnitëse	[mahnítəsɛ]
groep (de)	grup (m)	[grup]
rondleiding (de)	ekskursion (m)	[ɛkskursión]
gids (de)	udhërrëfyes (m)	[uðərəfýɛs]

100. Hotel

motel (het)	motel (m)	[motél]
3-sterren	me tre yje	[mɛ trɛ ýjɛ]
5-sterren	me pesë yje	[mɛ pésə ýjɛ]

overnachten (ww)	qëndroj	[cəndrój]
kamer (de)	dhomë (f)	[ðómə]
eenpersoonskamer (de)	dhomë teke (f)	[ðómə tékɛ]
tweepersoonskamer (de)	dhomë dyshe (f)	[ðómə dýʃɛ]
een kamer reserveren	rezervoj një dhomë	[rɛzɛrvój ɲə ðómə]
halfpension (het)	gjysmë-pension (m)	[ɟýsmə-pɛnsión]
volpension (het)	pension i plotë (m)	[pɛnsión i plótə]
met badkamer	me banjo	[mɛ báɲo]
met douche	me dush	[mɛ dúʃ]
satelliet-tv (de)	televizor satelitor (m)	[tɛlɛvizór satɛlitór]
airconditioner (de)	kondicioner (m)	[konditsionér]
handdoek (de)	peshqir (m)	[pɛʃcír]
sleutel (de)	çelës (m)	[tʃéləs]
administrateur (de)	administrator (m)	[administratór]
kamermeisje (het)	pastruese (f)	[pastrúɛsɛ]
piccolo (de)	portier (m)	[portiér]
portier (de)	portier (m)	[portiér]
restaurant (het)	restorant (m)	[rɛstoránt]
bar (de)	pab (m), pijetore (f)	[pab], [pijɛtórɛ]
ontbijt (het)	mëngjes (m)	[məɲɟés]
avondeten (het)	darkë (f)	[dárkə]
buffet (het)	bufe (f)	[bufé]
hal (de)	holl (m)	[hoɫ]
lift (de)	ashensor (m)	[aʃɛnsór]
NIET STOREN	MOS SHQETËSONI	[mos ʃcɛtəsóni]
VERBODEN TE ROKEN!	NDALOHET DUHANI	[ndalóhɛt duháni]

TECHNISCHE APPARATUUR. VERVOER

Technische apparatuur

101. Computer

computer (de)	kompjuter (m)	[kompjutér]
laptop (de)	laptop (m)	[laptóp]
aanzetten (ww)	ndez	[ndɛz]
uitzetten (ww)	fik	[fik]
toetsenbord (het)	tastiera (f)	[tastiéra]
toets (enter~)	çelës (m)	[tʃéləs]
muis (de)	maus (m)	[máus]
muismat (de)	shtroje e mausit (f)	[ʃtrójɛ ɛ máusit]
knopje (het)	buton (m)	[butón]
cursor (de)	kursor (m)	[kursór]
monitor (de)	monitor (m)	[monitór]
scherm (het)	ekran (m)	[ɛkrán]
harde schijf (de)	hard disk (m)	[hárd dísk]
volume (het) van de harde schijf	kapaciteti i hard diskut (m)	[kapatsitéti i hárd dískut]
geheugen (het)	memorie (f)	[mɛmóriɛ]
RAM-geheugen (het)	memorie operative (f)	[mɛmóriɛ opɛratívɛ]
bestand (het)	skedë (f)	[skédə]
folder (de)	dosje (f)	[dósjɛ]
openen (ww)	hap	[hap]
sluiten (ww)	mbyll	[mbyɫ]
opslaan (ww)	ruaj	[rúaj]
verwijderen (wissen)	fshij	[fʃij]
kopiëren (ww)	kopjoj	[kopjój]
sorteren (ww)	sistemoj	[sistɛmój]
overplaatsen (ww)	transferoj	[transfɛrój]
programma (het)	program (m)	[prográm]
software (de)	softuer (f)	[softuér]
programmeur (de)	programues (m)	[programúɛs]
programmeren (ww)	programoj	[programój]
hacker (computerkraker)	haker (m)	[hakér]
wachtwoord (het)	fjalëkalim (m)	[fjaləkalím]
virus (het)	virus (m)	[virús]
ontdekken (virus ~)	zbuloj	[zbulój]

| byte (de) | bajt (m) | [bájt] |
| megabyte (de) | megabajt (m) | [mɛgabájt] |

| data (de) | të dhënat (pl) | [tə ðénat] |
| databank (de) | databazë (f) | [databázə] |

kabel (USB-~, enz.)	kabllo (f)	[kábło]
afsluiten (ww)	shkëpus	[ʃkəpús]
aansluiten op (ww)	lidh	[lið]

102. Internet. E-mail

internet (het)	internet (m)	[intɛrnét]
browser (de)	shfletues (m)	[ʃflɛtúɛs]
zoekmachine (de)	makineri kërkimi (f)	[makinɛrí kərkími]
internetprovider (de)	ofrues (m)	[ofrúɛs]

webmaster (de)	uebmaster (m)	[uɛbmástɛr]
website (de)	ueb-faqe (f)	[uéb-fácɛ]
webpagina (de)	ueb-faqe (f)	[uéb-fácɛ]

| adres (het) | adresë (f) | [adrésə] |
| adresboek (het) | libërth adresash (m) | [líbərθ adrésaʃ] |

postvak (het)	kuti postare (f)	[kutí postárɛ]
post (de)	postë (f)	[póstə]
vol (~ postvak)	i mbushur	[i mbúʃur]

bericht (het)	mesazh (m)	[mɛsáʒ]
binnenkomende berichten (mv.)	mesazhe të ardhura (pl)	[mɛsáʒɛ tə árðura]
uitgaande berichten (mv.)	mesazhe të dërguara (pl)	[mɛsáʒɛ tə dərgúara]

verzender (de)	dërguesi (m)	[dərgúɛsi]
verzenden (ww)	dërgoj	[dərgój]
verzending (de)	dërgesë (f)	[dərgésə]

| ontvanger (de) | pranues (m) | [pranúɛs] |
| ontvangen (ww) | pranoj | [pranój] |

| correspondentie (de) | korrespondencë (f) | [korɛspondéntsə] |
| corresponderen (met ...) | komunikim | [komunikím] |

bestand (het)	skedë (f)	[skédə]
downloaden (ww)	shkarkoj	[ʃkarkój]
creëren (ww)	krijoj	[krijój]
verwijderen (een bestand ~)	fshij	[fʃij]
verwijderd (bn)	e fshirë	[ɛ fʃírə]

verbinding (de)	lidhje (f)	[líðjɛ]
snelheid (de)	shpejtësi (f)	[ʃpɛjtəsí]
modem (de)	modem (m)	[modém]
toegang (de)	hyrje (f)	[hýrjɛ]
poort (de)	port (m)	[port]

aansluiting (de)	lidhje (f)	[líðjɛ]
zich aansluiten (ww)	lidhem me ...	[líðɛm mɛ ...]
selecteren (ww)	përzgjedh	[pərzɟéð]
zoeken (ww)	kërkoj ...	[kərkój ...]

103. Elektriciteit

elektriciteit (de)	elektricitet (m)	[ɛlɛktritsitét]
elektrisch (bn)	elektrik	[ɛlɛktrík]
elektriciteitscentrale (de)	hidrocentral (m)	[hidrotsɛntrál]
energie (de)	energji (f)	[ɛnɛrɟí]
elektrisch vermogen (het)	energji elektrike (f)	[ɛnɛrɟí ɛlɛktríkɛ]
lamp (de)	poç (m)	[potʃ]
zaklamp (de)	llambë dore (f)	[ɫámbə dórɛ]
straatlantaarn (de)	llambë rruge (f)	[ɫámbə rúgɛ]
licht (elektriciteit)	dritë (f)	[drítə]
aandoen (ww)	ndez	[ndɛz]
uitdoen (ww)	fik	[fik]
het licht uitdoen	fik dritën	[fík drítən]
doorbranden (gloeilamp)	digjet	[díɟɛt]
kortsluiting (de)	qark i shkurtër (m)	[cark i ʃkúrtər]
onderbreking (de)	tel i prishur (m)	[tɛl i príʃur]
contact (het)	kontakt (m)	[kontákt]
schakelaar (de)	çelës drite (m)	[tʃéləs drítɛ]
stopcontact (het)	prizë (f)	[prízə]
stekker (de)	spinë (f)	[spínə]
verlengsnoer (de)	zgjatues (m)	[zɟatúɛs]
zekering (de)	siguresë (f)	[sigurésə]
kabel (de)	kabllo (f)	[káblo]
bedrading (de)	rrjet elektrik (m)	[rjét ɛlɛktrík]
ampère (de)	amper (m)	[ampér]
stroomsterkte (de)	amperazh (f)	[ampɛráʒ]
volt (de)	volt (m)	[volt]
spanning (de)	voltazh (f)	[voltáʒ]
elektrisch toestel (het)	aparat elektrik (m)	[aparát ɛlɛktrík]
indicator (de)	indikator (m)	[indikatór]
elektricien (de)	elektricist (m)	[ɛlɛktritsíst]
solderen (ww)	saldoj	[saldój]
soldeerbout (de)	pajisje saldimi (f)	[pajísjɛ saldími]
stroom (de)	korrent elektrik (m)	[korént ɛlɛktrík]

104. Gereedschappen

werktuig (stuk gereedschap)	vegël (f)	[végəl]
gereedschap (het)	vegla (pl)	[végla]

uitrusting (de)	pajisje (f)	[pajísjɛ]
hamer (de)	çekiç (m)	[tʃɛkítʃ]
schroevendraaier (de)	kaçavidë (f)	[katʃavídə]
bijl (de)	sëpatë (f)	[səpátə]
zaag (de)	sharrë (f)	[ʃárə]
zagen (ww)	sharroj	[ʃarój]
schaaf (de)	zdrukthues (m)	[zdrukθúɛs]
schaven (ww)	zdrukthoj	[zdrukθój]
soldeerbout (de)	pajisje saldimi (f)	[pajísjɛ saldími]
solderen (ww)	saldoj	[saldój]
vijl (de)	limë (f)	[límə]
nijptang (de)	darë (f)	[dárə]
combinatietang (de)	pinca (f)	[píntsa]
beitel (de)	daltë (f)	[dáltə]
boorkop (de)	turjelë (f)	[turjélə]
boormachine (de)	shpuese elektrike (f)	[ʃpúɛsɛ ɛlɛktríkɛ]
boren (ww)	shpoj	[ʃpoj]
mes (het)	thikë (f)	[θíkə]
zakmes (het)	thikë xhepi (f)	[θíkə dʒépi]
lemmet (het)	teh (m)	[tɛh]
scherp (bijv. ~ mes)	i mprehtë	[i mpréhtə]
bot (bn)	i topitur	[i topítur]
bot raken (ww)	bëhet e topitur	[béhɛt ɛ topítur]
slijpen (een mes ~)	mpreh	[mpréh]
bout (de)	vidë (f)	[vídə]
moer (de)	dado (f)	[dádo]
schroefdraad (de)	filetë e vidhës (f)	[filétə ɛ víðəs]
houtschroef (de)	vidhë druri (f)	[víðə drúri]
spijker (de)	gozhdë (f)	[góʒdə]
kop (de)	kokë gozhde (f)	[kókə góʒdɛ]
liniaal (de/het)	vizore (f)	[vizórɛ]
rolmeter (de)	metër (m)	[métər]
waterpas (de/het)	nivelizues (m)	[nivɛlizúɛs]
loep (de)	lente zmadhuese (f)	[lέntɛ zmaðúɛsɛ]
meetinstrument (het)	mjet matës (m)	[mjét mátəs]
opmeten (ww)	mas	[mas]
schaal (meetschaal)	gradë (f)	[grádə]
gegevens (mv.)	matjet (pl)	[mátjɛt]
compressor (de)	kompresor (m)	[komprɛsór]
microscoop (de)	mikroskop (m)	[mikroskóp]
pomp (de)	pompë (f)	[pómpə]
robot (de)	robot (m)	[robót]
laser (de)	laser (m)	[lasér]
moersleutel (de)	çelës (m)	[tʃéləs]
plakband (de)	shirit ngjitës (m)	[ʃirít ɲʃítəs]

lijm (de)	ngjitës (m)	[nɟítəs]
schuurpapier (het)	letër smeril (f)	[létər smɛríl]
veer (de)	sustë (f)	[sústə]
magneet (de)	magnet (m)	[magnét]
handschoenen (mv.)	dorëza (pl)	[dórəza]
touw (bijv. henneptouw)	litar (m)	[litár]
snoer (het)	kordon (m)	[kordón]
draad (de)	tel (m)	[tɛl]
kabel (de)	kabllo (f)	[kábɫo]
moker (de)	çekan i rëndë (m)	[tʃɛkán i rəndə]
breekijzer (het)	levë (f)	[lévə]
ladder (de)	shkallë (f)	[ʃkáɫə]
trapje (inklapbaar ~)	shkallëz (f)	[ʃkáɫəz]
aanschroeven (ww)	vidhos	[viðós]
losschroeven (ww)	zhvidhos	[ʒviðós]
dichtpersen (ww)	shtrëngoj	[ʃtrəŋój]
vastlijmen (ww)	ngjes	[nɟés]
snijden (ww)	pres	[prɛs]
defect (het)	avari (f)	[avarí]
reparatie (de)	riparim (m)	[riparím]
repareren (ww)	riparoj	[riparój]
regelen (een machine ~)	rregulloj	[rɛguɫój]
checken (ww)	kontrolloj	[kontroɫój]
controle (de)	kontroll (m)	[kontróɫ]
gegevens (mv.)	matjet (pl)	[mátjɛt]
degelijk (bijv. ~ machine)	e sigurt	[ɛ sígurt]
ingewikkeld (bn)	komplekse	[komplékse]
roesten (ww)	ndryshket	[ndrýʃkɛt]
roestig (bn)	e ndryshkur	[ɛ ndrýʃkur]
roest (de/het)	ndryshk (m)	[ndrýʃk]

Vervoer

105. Vliegtuig

vliegtuig (het)	avion (m)	[avión]
vliegticket (het)	biletë avioni (f)	[bilétə avióni]
luchtvaartmaatschappij (de)	kompani ajrore (f)	[kompaní ajrórɛ]
luchthaven (de)	aeroport (m)	[aɛropórt]
supersonisch (bn)	supersonik	[supɛrsoník]

gezagvoerder (de)	kapiten (m)	[kapitén]
bemanning (de)	ekip (m)	[ɛkíp]
piloot (de)	pilot (m)	[pilót]
stewardess (de)	stjuardesë (f)	[stjuardésə]
stuurman (de)	navigues (m)	[navigúɛs]

vleugels (mv.)	krahë (pl)	[kráhə]
staart (de)	bisht (m)	[biʃt]
cabine (de)	kabinë (f)	[kabínə]
motor (de)	motor (m)	[motór]
landingsgestel (het)	karrel (m)	[karél]
turbine (de)	turbinë (f)	[turbínə]

propeller (de)	helikë (f)	[hɛlíkə]
zwarte doos (de)	kuti e zezë (f)	[kutí ɛ zézə]
stuur (het)	timon (m)	[timón]
brandstof (de)	karburant (m)	[karburánt]

veiligheidskaart (de)	udhëzime sigurie (pl)	[uðəzímɛ siguríɛ]
zuurstofmasker (het)	maskë oksigjeni (f)	[máskə oksiɟéni]
uniform (het)	uniformë (f)	[unifórmə]

reddingsvest (de)	jelek shpëtimi (m)	[jɛlék ʃpətími]
parachute (de)	parashutë (f)	[paraʃútə]

opstijgen (het)	ngritje (f)	[ŋrítjɛ]
opstijgen (ww)	fluturon	[fluturón]
startbaan (de)	pista e fluturimit (f)	[písta ɛ fluturímit]

zicht (het)	shikueshmëri (f)	[ʃikuɛʃməri]
vlucht (de)	fluturim (m)	[fluturím]

hoogte (de)	lartësi (f)	[lartəsí]
luchtzak (de)	xhep ajri (m)	[dʒɛp ájri]

plaats (de)	karrige (f)	[karígɛ]
koptelefoon (de)	kufje (f)	[kúfjɛ]
tafeltje (het)	tabaka (f)	[tabaká]
venster (het)	dritare avioni (f)	[dritárɛ avióni]
gangpad (het)	korridor (m)	[koridór]

106. Trein

trein (de)	tren (m)	[trɛn]
elektrische trein (de)	tren elektrik (m)	[trɛn ɛlɛktrík]
sneltrein (de)	tren ekspres (m)	[trɛn ɛksprés]
diesellocomotief (de)	lokomotivë me naftë (f)	[lokomótivə mɛ náftə]
stoomlocomotief (de)	lokomotivë me avull (f)	[lokomótivə mɛ ávuɫ]

rijtuig (het)	vagon (m)	[vagón]
restauratierijtuig (het)	vagon restorant (m)	[vagón rɛstoránt]

rails (mv.)	shina (pl)	[ʃína]
spoorweg (de)	hekurudhë (f)	[hɛkurúðə]
dwarsligger (de)	traversë (f)	[travérsə]

perron (het)	platformë (f)	[platfórmə]
spoor (het)	binar (m)	[binár]
semafoor (de)	semafor (m)	[sɛmafór]
halte (bijv. kleine treinhalte)	stacion (m)	[statsión]

machinist (de)	makinist (m)	[makiníst]
kruier (de)	portier (m)	[portiér]
conducteur (de)	konduktor (m)	[konduktór]
passagier (de)	pasagjer (m)	[pasaɟér]
controleur (de)	konduktor (m)	[konduktór]

gang (in een trein)	korridor (m)	[koridór]
noodrem (de)	frena urgjence (f)	[fréna urɟéntsɛ]
coupé (de)	ndarje (f)	[ndárjɛ]
bed (slaapplaats)	kat (m)	[kat]
bovenste bed (het)	kati i sipërm (m)	[káti i sípərm]
onderste bed (het)	kati i poshtëm (m)	[káti i póʃtəm]
beddengoed (het)	shtroje shtrati (pl)	[ʃtrójɛ ʃtráti]

kaartje (het)	biletë (f)	[bilétə]
dienstregeling (de)	orar (m)	[orár]
informatiebord (het)	tabelë e informatave (f)	[tabélə ɛ informátavɛ]

vertrekken	niset	[nísɛt]
(De trein vertrekt ...)		
vertrek (ov. een trein)	nisje (f)	[nísjɛ]
aankomen (ov. de treinen)	arrij	[aríj]
aankomst (de)	arritje (f)	[arítjɛ]

aankomen per trein	arrij me tren	[aríj mɛ trɛn]
in de trein stappen	hip në tren	[hip nə trén]
uit de trein stappen	zbres nga treni	[zbrɛs ŋa tréni]

treinwrak (het)	aksident hekurudhor (m)	[aksidént hɛkuruðór]
ontspoord zijn	del nga shinat	[dɛl ŋa ʃínat]

stoomlocomotief (de)	lokomotivë me avull (f)	[lokomótivə mɛ ávuɫ]
stoker (de)	mbikëqyrës i zjarrit (m)	[mbikəcýrəs i zjárit]
stookplaats (de)	furrë (f)	[fúrə]
steenkool (de)	qymyr (m)	[cymýr]

107. Schip

schip (het)	anije (f)	[aníjɛ]
vaartuig (het)	mjet lundrues (m)	[mjét lundrúɛs]
stoomboot (de)	anije me avull (f)	[aníjɛ mɛ ávuɫ]
motorschip (het)	anije lumi (f)	[aníjɛ lúmi]
lijnschip (het)	krocierë (f)	[krotsiérə]
kruiser (de)	anije luftarake (f)	[aníjɛ luftarákɛ]
jacht (het)	jaht (m)	[jáht]
sleepboot (de)	anije rimorkiuese (f)	[aníjɛ rimorkiúɛsɛ]
duwbak (de)	anije transportuese (f)	[aníjɛ transportúɛsɛ]
ferryboot (de)	traget (m)	[tragét]
zeilboot (de)	anije me vela (f)	[aníjɛ mɛ véla]
brigantijn (de)	brigantinë (f)	[brigantínə]
ijsbreker (de)	akullthyese (f)	[akuɫθýɛsɛ]
duikboot (de)	nëndetëse (f)	[nəndétəsɛ]
boot (de)	barkë (f)	[bárkə]
sloep (de)	gomone (f)	[gomónɛ]
reddingssloep (de)	varkë shpëtimi (f)	[várkə ʃpətími]
motorboot (de)	skaf (m)	[skaf]
kapitein (de)	kapiten (m)	[kapitén]
zeeman (de)	marinar (m)	[marinár]
matroos (de)	marinar (m)	[marinár]
bemanning (de)	ekip (m)	[ɛkíp]
bootsman (de)	kryemarinar (m)	[kryɛmarinár]
scheepsjongen (de)	djali i anijes (m)	[djáli i aníjɛs]
kok (de)	kuzhinier (m)	[kuʒiniér]
scheepsarts (de)	doktori i anijes (m)	[doktóri i aníjɛs]
dek (het)	kuverta (f)	[kuvérta]
mast (de)	direk (m)	[dirék]
zeil (het)	vela (f)	[véla]
ruim (het)	bagazh (m)	[bagáʒ]
voorsteven (de)	harku sipëror (m)	[hárku sipərór]
achtersteven (de)	pjesa e pasme (f)	[pjésa ɛ pásmɛ]
roeispaan (de)	rrem (m)	[rɛm]
schroef (de)	helikë (f)	[hɛlíkə]
kajuit (de)	kabinë (f)	[kabínə]
officierskamer (de)	zyrë e oficerëve (f)	[zýrə ɛ ofitsérəvɛ]
machinekamer (de)	salla e motorit (m)	[sáɫa ɛ motórit]
brug (de)	urë komanduese (f)	[úrə komandúɛsɛ]
radiokamer (de)	kabina radiotelegrafike (f)	[kabína radiotɛlɛgrafíkɛ]
radiogolf (de)	valë (f)	[válə]
logboek (het)	libri i shënimeve (m)	[líbri i ʃənímɛvɛ]
verrekijker (de)	dylbi (f)	[dylbí]
klok (de)	këmbanë (f)	[kəmbánə]

vlag (de)	flamur (m)	[flamúr]
kabel (de)	pallamar (m)	[pałamár]
knoop (de)	nyjë (f)	[nýjə]

| leuning (de) | parmakë (pl) | [parmákə] |
| trap (de) | shkallë (f) | [ʃkátə] |

anker (het)	spirancë (f)	[spirántsə]
het anker lichten	ngre spirancën	[ŋré spirántsən]
het anker neerlaten	hedh spirancën	[hɛð spirántsən]
ankerketting (de)	zinxhir i spirancës (m)	[zindʒír i spirántsəs]

haven (bijv. containerhaven)	port (m)	[port]
kaai (de)	skelë (f)	[skélə]
aanleggen (ww)	ankoroj	[ankorój]
wegvaren (ww)	niset	[nísɛt]

reis (de)	udhëtim (m)	[uðətím]
cruise (de)	udhëtim me krocierë (f)	[uðətím mɛ krotsiérə]
koers (de)	kursi i udhëtimit (m)	[kúrsi i uðətímit]
route (de)	itinerar (m)	[itinɛrár]

vaarwater (het)	ujëra të lundrueshme (f)	[újəra tə lundrúɛʃmɛ]
zandbank (de)	cekëtinë (f)	[tsɛkətínə]
stranden (ww)	bllokohet në rërë	[błokóhɛt nə rərə]

storm (de)	stuhi (f)	[stuhí]
signaal (het)	sinjal (m)	[siɲál]
zinken (ov. een boot)	fundoset	[fundósɛt]
Man overboord!	Njeri në det!	[ɲɛrí nə dɛt!]
SOS (noodsignaal)	SOS (m)	[sos]
reddingsboei (de)	bovë shpëtuese (f)	[bóvə ʃpətúɛsɛ]

108. Vliegveld

luchthaven (de)	aeroport (m)	[aɛropórt]
vliegtuig (het)	avion (m)	[avión]
luchtvaartmaatschappij (de)	kompani ajrore (f)	[kompaní ajrórɛ]
luchtverkeersleider (de)	kontroll i trafikut ajror (m)	[kontrółi trafíkut ajrór]

vertrek (het)	nisje (f)	[nísjɛ]
aankomst (de)	arritje (f)	[arítjɛ]
aankomen (per vliegtuig)	arrij me avion	[aríj mɛ avión]

| vertrektijd (de) | nisja (f) | [nísja] |
| aankomstuur (het) | arritja (f) | [arítja] |

| vertraagd zijn (ww) | vonesë | [vonésə] |
| vluchtvertraging (de) | vonesë avioni (f) | [vonésə avióni] |

informatiebord (het)	ekrani i informacioneve (m)	[ɛkráni i informatsiónɛvɛ]
informatie (de)	informacion (m)	[informatsión]
aankondigen (ww)	njoftoj	[ɲoftój]
vlucht (bijv. KLM ~)	fluturim (m)	[fluturím]

T&P Books. Thematische woordenschat Nederlands-Albanees - 5000 woorden

| douane (de) | doganë (f) | [dogánə] |
| douanier (de) | doganier (m) | [doganiér] |

douaneaangifte (de)	deklarim doganor (m)	[dɛklarím doganór]
invullen (douaneaangifte ~)	plotësoj	[plotəsój]
een douaneaangifte invullen	plotësoj deklaratën	[plotəsój dɛklarátən]
paspoortcontrole (de)	kontroll pasaportash (m)	[kontróɫ pasapórtaʃ]

bagage (de)	bagazh (m)	[bagáʒ]
handbagage (de)	bagazh dore (m)	[bagáʒ dórɛ]
bagagekarretje (het)	karrocë bagazhesh (f)	[karótsə bagáʒɛʃ]

landing (de)	aterrim (m)	[atɛrím]
landingsbaan (de)	pistë aterrimi (f)	[pístə atɛrími]
landen (ww)	aterroj	[atɛrój]
vliegtuigtrap (de)	shkallë avioni (f)	[ʃkáɫə avióni]

inchecken (het)	regjistrim (m)	[rɛɟistrím]
incheckbalie (de)	sportel regjistrimi (m)	[sportél rɛɟistrími]
inchecken (ww)	regjistrohem	[rɛɟistróhɛm]
instapkaart (de)	biletë e hyrjes (f)	[bilétə ɛ hýrjɛs]
gate (de)	porta e nisjes (f)	[pórta ɛ nísjɛs]

transit (de)	transit (m)	[transít]
wachten (ww)	pres	[prɛs]
wachtzaal (de)	salla e nisjes (f)	[sáɫa ɛ nísjɛs]
begeleiden (uitwuiven)	përcjell	[pərtsjéɫ]
afscheid nemen (ww)	përshëndetem	[pərʃəndétɛm]

Gebeurtenissen in het leven

109. Vakanties. Evenement

feest (het)	festë (f)	[féstə]
nationale feestdag (de)	festë kombëtare (f)	[féstə kombətárɛ]
feestdag (de)	festë publike (f)	[féstə publíkɛ]
herdenken (ww)	festoj	[fɛstój]
gebeurtenis (de)	ceremoni (f)	[tsɛrɛmoní]
evenement (het)	eveniment (m)	[ɛvɛnimént]
banket (het)	banket (m)	[bankét]
receptie (de)	pritje (f)	[prítjɛ]
feestmaal (het)	aheng (m)	[ahéŋ]
verjaardag (de)	përvjetor (m)	[pərvjɛtór]
jubileum (het)	jubile (m)	[jubilé]
vieren (ww)	festoj	[fɛstój]
Nieuwjaar (het)	Viti i Ri (m)	[víti i rí]
Gelukkig Nieuwjaar!	Gëzuar Vitin e Ri!	[gəzúar vítin ɛ rí!]
Sinterklaas (de)	Santa Klaus (m)	[sánta kláus]
Kerstfeest (het)	Krishtlindje (f)	[kriʃtlíndjɛ]
Vrolijk kerstfeest!	Gëzuar Krishtlindjen!	[gəzúar kriʃtlíndjɛn!]
kerstboom (de)	péma e Krishtlindjes (f)	[péma ɛ kriʃtlíndjɛs]
vuurwerk (het)	fishekzjarrë (m)	[fiʃɛkzjárə]
bruiloft (de)	dasmë (f)	[dásmə]
bruidegom (de)	dhëndër (m)	[ðéndər]
bruid (de)	nuse (f)	[núsɛ]
uitnodigen (ww)	ftoj	[ftoj]
uitnodigingskaart (de)	ftesë (f)	[ftésə]
gast (de)	mysafir (m)	[mysafír]
op bezoek gaan	vizitoj	[vizitój]
gasten verwelkomen	takoj të ftuarit	[takój tə ftúarit]
geschenk, cadeau (het)	dhuratë (f)	[ðurátə]
geven (iets cadeau ~)	dhuroj	[ðurój]
geschenken ontvangen	marr dhurata	[mar ðuráta]
boeket (het)	buqetë (f)	[bucétə]
felicitaties (mv.)	urime (f)	[urímɛ]
feliciteren (ww)	përgëzoj	[pərgəzój]
wenskaart (de)	kartolinë (f)	[kartolínə]
een kaartje versturen	dërgoj kartolinë	[dərgój kartolínə]
een kaartje ontvangen	marr kartolinë	[mar kartolínə]

toast (de)	dolli (f)	[dotí]
aanbieden (een drankje ~)	qeras	[cɛrás]
champagne (de)	shampanjë (f)	[ʃampáɲə]

plezier hebben (ww)	kënaqem	[kənácɛm]
plezier (het)	gëzim (m)	[gəzím]
vreugde (de)	gëzim (m)	[gəzím]

| dans (de) | vallëzim (m) | [vaɫəzím] |
| dansen (ww) | vallëzoj | [vaɫəzój] |

| wals (de) | vals (m) | [vals] |
| tango (de) | tango (f) | [táŋo] |

110. Begrafenissen. Begrafenis

kerkhof (het)	varreza (f)	[varéza]
graf (het)	varr (m)	[var]
kruis (het)	kryq (m)	[kryc]
grafsteen (de)	gur varri (m)	[gur vári]
omheining (de)	gardh (m)	[garð]
kapel (de)	kishëz (m)	[kíʃəz]

dood (de)	vdekje (f)	[vdékjɛ]
sterven (ww)	vdes	[vdɛs]
overledene (de)	i vdekuri (m)	[i vdékuri]
rouw (de)	zi (f)	[zi]

begraven (ww)	varros	[varós]
begrafenisonderneming (de)	agjenci funeralesh (f)	[aɟɛntsí funɛrálɛʃ]
begrafenis (de)	funeral (m)	[funɛrál]

krans (de)	kurorë (f)	[kurórə]
doodskist (de)	arkivol (m)	[arkivól]
lijkwagen (de)	makinë funebre (f)	[makínə funébrɛ]
lijkkleed (de)	qefin (m)	[cɛfín]

begrafenisstoet (de)	kortezh (m)	[kortéʒ]
urn (de)	urnë (f)	[úrnə]
crematorium (het)	kremator (m)	[krɛmatór]

overlijdensbericht (het)	përkujtim (m)	[pərkujtím]
huilen (wenen)	qaj	[caj]
snikken (huilen)	qaj me dënesë	[caj mɛ dənésə]

111. Oorlog. Soldaten

peloton (het)	togë (f)	[tógə]
compagnie (de)	kompani (f)	[kompaní]
regiment (het)	regjiment (m)	[rɛɟimént]
leger (armee)	ushtri (f)	[uʃtrí]
divisie (de)	divizion (m)	[divizión]

sectie (de)	skuadër (f)	[skuádər]
troep (de)	armatë (f)	[armátə]
soldaat (militair)	ushtar (m)	[uʃtár]
officier (de)	oficer (m)	[ofitsér]
soldaat (rang)	ushtar (m)	[uʃtár]
sergeant (de)	rreshter (m)	[rɛʃtér]
luitenant (de)	toger (m)	[togér]
kapitein (de)	kapiten (m)	[kapitén]
majoor (de)	major (m)	[majór]
kolonel (de)	kolonel (m)	[kolonél]
generaal (de)	gjeneral (m)	[ɟɛnɛrál]
matroos (de)	marinar (m)	[marinár]
kapitein (de)	kapiten (m)	[kapitén]
bootsman (de)	kryemarinar (m)	[kryɛmarinár]
artillerist (de)	artiljer (m)	[artiljér]
valschermjager (de)	parashutist (m)	[paraʃutíst]
piloot (de)	pilot (m)	[pilót]
stuurman (de)	navigues (m)	[navigúɛs]
mecanicien (de)	mekanik (m)	[mɛkaník]
sappeur (de)	xhenier (m)	[dʒɛniér]
parachutist (de)	parashutist (m)	[paraʃutíst]
verkenner (de)	agjent zbulimi (m)	[aɟént zbulími]
scherpschutter (de)	snajper (m)	[snajpér]
patrouille (de)	patrullë (f)	[patrúɫə]
patrouilleren (ww)	patrulloj	[patruɫój]
wacht (de)	rojë (f)	[rójə]
krijger (de)	luftëtar (m)	[luftətár]
patriot (de)	patriot (m)	[patriót]
held (de)	hero (m)	[hɛró]
heldin (de)	heroinë (f)	[hɛroínə]
verrader (de)	tradhtar (m)	[traðtár]
verraden (ww)	tradhtoj	[traðtój]
deserteur (de)	dezertues (m)	[dɛzɛrtúɛs]
deserteren (ww)	dezertoj	[dɛzɛrtój]
huurling (de)	mercenar (m)	[mɛrtsɛnár]
rekruut (de)	rekrut (m)	[rɛkrút]
vrijwilliger (de)	vullnetar (m)	[vuɫnɛtár]
gedode (de)	vdekur (m)	[vdékur]
gewonde (de)	i plagosur (m)	[i plagósur]
krijgsgevangene (de)	rob lufte (m)	[rob lúftɛ]

112. Oorlog. Militaire acties. Deel 1

oorlog (de)	luftë (f)	[lúftə]
oorlog voeren (ww)	në luftë	[nə lúftə]

burgeroorlog (de)	luftë civile (f)	[lúftə tsivílɛ]
achterbaks (bw)	pabesisht	[pabɛsíʃt]
oorlogsverklaring (de)	shpallje lufte (f)	[ʃpátjɛ lúftɛ]
verklaren (de oorlog ~)	shpall	[ʃpaɫ]
agressie (de)	agresion (m)	[agrɛsión]
aanvallen (binnenvallen)	sulmoj	[sulmój]
binnenvallen (ww)	pushtoj	[puʃtój]
invaller (de)	pushtues (m)	[puʃtúɛs]
veroveraar (de)	pushtues (m)	[puʃtúɛs]
verdediging (de)	mbrojtje (f)	[mbrójtjɛ]
verdedigen (je land ~)	mbroj	[mbrój]
zich verdedigen (ww)	mbrohem	[mbróhɛm]
vijand (de)	armik (m)	[armík]
tegenstander (de)	kundërshtar (m)	[kundərʃtár]
vijandelijk (bn)	armike	[armíkɛ]
strategie (de)	strategji (f)	[stratɛɟí]
tactiek (de)	taktikë (f)	[taktíkə]
order (de)	urdhër (m)	[úrðər]
bevel (het)	komandë (f)	[komándə]
bevelen (ww)	urdhëroj	[urðərój]
opdracht (de)	mision (m)	[misión]
geheim (bn)	sekret	[sɛkrét]
strijd, slag (de)	betejë (f)	[bɛtéjə]
strijd (de)	luftim (m)	[luftím]
aanval (de)	sulm (m)	[sulm]
bestorming (de)	sulm (m)	[sulm]
bestormen (ww)	sulmoj	[sulmój]
bezetting (de)	nën rrethim (m)	[nən rɛθím]
aanval (de)	sulm (m)	[sulm]
in het offensief te gaan	kaloj në sulm	[kalój nə súlm]
terugtrekking (de)	tërheqje (f)	[tərhécjɛ]
zich terugtrekken (ww)	tërhiqem	[tərhícɛm]
omsingeling (de)	rrethim (m)	[rɛθím]
omsingelen (ww)	rrethoj	[rɛθój]
bombardement (het)	bombardim (m)	[bombardím]
een bom gooien	hedh bombë	[hɛð bómbə]
bombarderen (ww)	bombardoj	[bombardój]
ontploffing (de)	shpërthim (m)	[ʃpərθím]
schot (het)	e shtënë (f)	[ɛ ʃtə́nə]
een schot lossen	qëlloj	[cəɫój]
schieten (het)	të shtëna (pl)	[tə ʃténa]
mikken op (ww)	vë në shënjestër	[və nə ʃəɲéstər]
aanleggen (een wapen ~)	drejtoj armën	[drɛjtój ármən]

treffen (doelwit ~)	qëlloj	[cəłój]
zinken (tot zinken brengen)	fundos	[fundós]
kogelgat (het)	vrimë (f)	[vrímə]
zinken (gezonken zijn)	fundoset	[fundósɛt]

front (het)	front (m)	[front]
evacuatie (de)	evakuim (m)	[ɛvakuím]
evacueren (ww)	evakuoj	[ɛvakuój]

loopgraaf (de)	llogore (f)	[łogórɛ]
prikkeldraad (de)	tel me gjemba (m)	[tɛl mɛ ɟémba]
verdedigingsobstakel (het)	pengesë (f)	[pɛŋésə]
wachttoren (de)	kullë vrojtuese (f)	[kúłə vrojtúɛsɛ]

hospitaal (het)	spital ushtarak (m)	[spitál uʃtarák]
verwonden (ww)	plagos	[plagós]
wond (de)	plagë (f)	[plágə]
gewonde (de)	i plagosur (m)	[i plagósur]
gewond raken (ww)	jam i plagosur	[jam i plagósur]
ernstig (~e wond)	rëndë	[rə́ndə]

113. Oorlog. Militaire acties. Deel 2

krijgsgevangenschap (de)	burgosje (f)	[burgósjɛ]
krijgsgevangen nemen	zë rob	[zə rob]
krijgsgevangene zijn	mbahem rob	[mbáhɛm rób]
krijgsgevangen genomen worden	zihem rob	[zíhɛm rob]

concentratiekamp (het)	kamp përqendrimi (m)	[kamp pərcɛndrími]
krijgsgevangene (de)	rob lufte (m)	[rob lúftɛ]
vluchten (ww)	arratisem	[aratísɛm]

verraden (ww)	tradhtoj	[traðtój]
verrader (de)	tradhtar (m)	[traðtár]
verraad (het)	tradhti (f)	[traðtí]

| fusilleren (executeren) | ekzekutoj | [ɛkzɛkutój] |
| executie (de) | ekzekutim (m) | [ɛkzɛkutím] |

uitrusting (de)	armatim (m)	[armatím]
schouderstuk (het)	spaletë (f)	[spalétə]
gasmasker (het)	maskë antigaz (f)	[máskə antigáz]

portofoon (de)	radiomarrëse (f)	[radiomárəsɛ]
geheime code (de)	kod sekret (m)	[kód sɛkrét]
samenzwering (de)	komplot (m)	[komplót]
wachtwoord (het)	fjalëkalim (m)	[fjalǝkalím]

mijn (landmijn)	minë tokësore (f)	[mínə tokəsórɛ]
ondermijnen (legden mijnen)	minoj	[minój]
mijnenveld (het)	fushë e minuar (f)	[fúʃə ɛ minúar]
luchtalarm (het)	alarm sulmi ajror (m)	[alárm súlmi ajrór]
alarm (het)	alarm (m)	[alárm]

signaal (het)	sinjal (m)	[siɲál]
vuurpijl (de)	sinjalizues (m)	[siɲalizúɛs]
staf (generale ~)	selia qendrore (f)	[sɛlía cɛndrórɛ]
verkenning (de)	zbulim (m)	[zbulím]
toestand (de)	gjendje (f)	[ɟéndjɛ]
rapport (het)	raport (m)	[rapórt]
hinderlaag (de)	pritë (f)	[prítə]
versterking (de)	përforcim (m)	[pərfortsím]
doel (bewegend ~)	shënjestër (f)	[ʃəɲéstər]
proefterrein (het)	poligon (m)	[poligón]
manoeuvres (mv.)	manovra ushtarake (f)	[manóvra uʃtarákɛ]
paniek (de)	panik (m)	[paník]
verwoesting (de)	shkatërrim (m)	[ʃkatərím]
verwoestingen (mv.)	gërmadha (pl)	[gərmáða]
verwoesten (ww)	shkatërroj	[ʃkatərój]
overleven (ww)	mbijetoj	[mbijɛtój]
ontwapenen (ww)	çarmatos	[tʃarmatós]
behandelen (een pistool ~)	manovroj	[manovrój]
Geeft acht!	Gatitu!	[gatitú!]
Op de plaats rust!	Qetësohu!	[cɛtəsóhu!]
heldendaad (de)	akt heroik (m)	[ákt hɛroík]
eed (de)	betim (m)	[bɛtím]
zweren (een eed doen)	betohem	[bɛtóhɛm]
decoratie (de)	dekoratë (f)	[dɛkorátə]
onderscheiden (een ereteken geven)	dekoroj	[dɛkorój]
medaille (de)	medalje (f)	[mɛdáljɛ]
orde (de)	urdhër medalje (m)	[úrðər mɛdáljɛ]
overwinning (de)	fitore (f)	[fitórɛ]
verlies (het)	humbje (f)	[húmbjɛ]
wapenstilstand (de)	armëpushim (m)	[arməpuʃím]
wimpel (vaandel)	flamur beteje (m)	[flamúr bɛtéjɛ]
roem (de)	famë (f)	[fámə]
parade (de)	paradë (f)	[parádə]
marcheren (ww)	marshoj	[marʃój]

114. Wapens

wapens (mv.)	armë (f)	[ármə]
vuurwapens (mv.)	armë zjarri (f)	[ármə zjári]
koude wapens (mv.)	armë të ftohta (pl)	[ármə tə ftóhta]
chemische wapens (mv.)	armë kimike (f)	[ármə kimíkɛ]
kern-, nucleair (bn)	nukleare	[nuklɛárɛ]
kernwapens (mv.)	armë nukleare (f)	[ármə nuklɛárɛ]

bom (de)	bombë (f)	[bómbə]
atoombom (de)	bombë atomike (f)	[bómbə atomíkɛ]
pistool (het)	pistoletë (f)	[pistolétə]
geweer (het)	pushkë (f)	[púʃkə]
machinepistool (het)	mitraloz (m)	[mitralóz]
machinegeweer (het)	mitraloz (m)	[mitralóz]
loop (schietbuis)	grykë (f)	[grýkə]
loop (bijv. geweer met kortere ~)	tytë pushke (f)	[týtə púʃkɛ]
kaliber (het)	kalibër (m)	[kalíbər]
trekker (de)	këmbëz (f)	[kémbəz]
korrel (de)	shënjestër (f)	[ʃəɲéstər]
magazijn (het)	karikator (m)	[karikatór]
geweerkolf (de)	qytë (f)	[cýtə]
granaat (handgranaat)	bombë dore (f)	[bómbə dórɛ]
explosieven (mv.)	eksploziv (m)	[ɛksplozív]
kogel (de)	plumb (m)	[plúmb]
patroon (de)	fishek (m)	[fiʃék]
lading (de)	karikim (m)	[karikím]
ammunitie (de)	municion (m)	[munitsión]
bommenwerper (de)	avion bombardues (m)	[avión bombardúɛs]
straaljager (de)	avion luftarak (m)	[avión luftarák]
helikopter (de)	helikopter (m)	[hɛlikoptér]
afweergeschut (het)	armë anti-ajrore (f)	[ármə ánti-ajrórɛ]
tank (de)	tank (m)	[tank]
kanon (tank met een ~ van 76 mm)	top tanku (m)	[top tánku]
artillerie (de)	artileri (f)	[artilɛrí]
kanon (het)	top (m)	[top]
aanleggen (een wapen ~)	vë në shënjestër	[və nə ʃəɲéstər]
projectiel (het)	mortajë (f)	[mortájə]
mortiergranaat (de)	bombë mortaje (f)	[bómbə mortájɛ]
mortier (de)	mortajë (f)	[mortájə]
granaatscherf (de)	copëz mortaje (f)	[tsópəz mortájɛ]
duikboot (de)	nëndetëse (f)	[nəndétəsɛ]
torpedo (de)	silurë (f)	[silúrə]
raket (de)	raketë (f)	[rakétə]
laden (geweer, kanon)	mbush	[mbúʃ]
schieten (ww)	qëlloj	[cəłój]
richten op (mikken)	drejtoj	[drɛjtój]
bajonet (de)	bajonetë (f)	[bajonétə]
degen (de)	shpatë (f)	[ʃpátə]
sabel (de)	shpatë (f)	[ʃpátə]
speer (de)	shtizë (f)	[ʃtízə]

boog (de)	hark (m)	[hárk]
pijl (de)	shigjetë (f)	[ʃɥétə]
musket (de)	musketë (f)	[muskétə]
kruisboog (de)	pushkë-shigjetë (f)	[púʃkə-ʃɥétə]

115. Oude mensen

primitief (bn)	prehistorik	[prɛhistorík]
voorhistorisch (bn)	prehistorike	[prɛhistoríkɛ]
eeuwenoude (~ beschaving)	i lashtë	[i láʃtə]
Steentijd (de)	Epoka e Gurit (f)	[ɛpóka ɛ gúrit]
Bronstijd (de)	Epoka e Bronzit (f)	[ɛpóka ɛ brónzit]
IJstijd (de)	Epoka e akullit (f)	[ɛpóka ɛ ákutit]
stam (de)	klan (m)	[klan]
menseneter (de)	kanibal (m)	[kanibál]
jager (de)	gjahtar (m)	[ɟahtár]
jagen (ww)	dal për gjah	[dál pər ɟáh]
mammoet (de)	mamut (m)	[mamút]
grot (de)	shpellë (f)	[ʃpétə]
vuur (het)	zjarr (m)	[zjar]
kampvuur (het)	zjarr kampingu (m)	[zjar kampíŋu]
rotstekening (de)	vizatim në shpella (m)	[vizatím nə ʃpéta]
werkinstrument (het)	vegël (f)	[végəl]
speer (de)	shtizë (f)	[ʃtízə]
stenen bijl (de)	sëpatë guri (f)	[səpátə gúri]
oorlog voeren (ww)	në luftë	[nə lúftə]
temmen (bijv. wolf ~)	zbus	[zbus]
idool (het)	idhull (m)	[íðuɫ]
aanbidden (ww)	adhuroj	[aðurój]
bijgeloof (het)	besëtytni (f)	[bɛsətytní]
ritueel (het)	rit (m)	[rit]
evolutie (de)	evolucion (m)	[ɛvolutsión]
ontwikkeling (de)	zhvillim (m)	[ʒvitím]
verdwijning (de)	zhdukje (f)	[ʒdúkjɛ]
zich aanpassen (ww)	përshtatem	[pərʃtátɛm]
archeologie (de)	arkeologji (f)	[arkɛoloɟí]
archeoloog (de)	arkeolog (m)	[arkɛológ]
archeologisch (bn)	arkeologjike	[arkɛoloɟíkɛ]
opgravingsplaats (de)	vendi i gërmimeve (m)	[véndi i gərmímɛvɛ]
opgravingen (mv.)	gërmime (pl)	[gərmímɛ]
vondst (de)	zbulim (m)	[zbulím]
fragment (het)	fragment (m)	[fragmént]

116. Middeleeuwen

volk (het)	popull (f)	[pópuɫ]
volkeren (mv.)	popuj (pl)	[pópuj]
stam (de)	klan (m)	[klən]
stammen (mv.)	klane (pl)	[klánɛ]

barbaren (mv.)	barbarë (pl)	[barbárə]
Galliërs (mv.)	Galët (pl)	[gálət]
Goten (mv.)	Gotët (pl)	[gótət]
Slaven (mv.)	Sllavët (pl)	[sɫávət]
Vikings (mv.)	Vikingët (pl)	[vikíɲət]

Romeinen (mv.)	Romakët (pl)	[romákət]
Romeins (bn)	romak	[romák]

Byzantijnen (mv.)	Bizantinët (pl)	[bizantínət]
Byzantium (het)	Bizanti (m)	[bizánti]
Byzantijns (bn)	bizantine	[bizantínɛ]

keizer (bijv. Romeinse ~)	perandor (m)	[pɛrandór]
opperhoofd (het)	prijës (m)	[príjəs]
machtig (bn)	i fuqishëm	[i fucíʃəm]
koning (de)	mbret (m)	[mbrét]
heerser (de)	sundimtar (m)	[sundimtár]

ridder (de)	kalorës (m)	[kalórəs]
feodaal (de)	lord feudal (m)	[lórd fɛudál]
feodaal (bn)	feudal	[fɛudál]
vazal (de)	vasal (m)	[vasál]

hertog (de)	dukë (f)	[dúkə]
graaf (de)	kont (m)	[kont]
baron (de)	baron (m)	[barón]
bisschop (de)	peshkop (m)	[pɛʃkóp]

harnas (het)	parzmore (f)	[parzmórɛ]
schild (het)	mburojë (f)	[mburójə]
zwaard (het)	shpatë (f)	[ʃpátə]
vizier (het)	ballnik (m)	[baɫník]
maliënkolder (de)	thurak (m)	[θurák]

kruistocht (de)	Kryqëzata (f)	[krycəzáta]
kruisvaarder (de)	kryqtar (m)	[kryctár]

gebied (bijv. bezette ~en)	territor (m)	[tɛritór]
aanvallen (binnenvallen)	sulmoj	[sulmój]
veroveren (ww)	mposht	[mpóʃt]
innemen (binnenvallen)	pushtoj	[puʃtój]

bezetting (de)	nën rrethim (m)	[nən rɛθím]
belegerd (bn)	i rrethuar	[i rɛθúar]
belegeren (ww)	rrethoj	[rɛθój]
inquisitie (de)	inkuizicion (m)	[inkuizitsión]
inquisiteur (de)	inkuizitor (m)	[inkuizitór]

foltering (de)	torturë (f)	[tortúrə]
wreed (bn)	mizor	[mizór]
ketter (de)	heretik (m)	[hɛrɛtík]
ketterij (de)	herezi (f)	[hɛrɛzí]
zeevaart (de)	lundrim (m)	[lundrím]
piraat (de)	pirat (m)	[pirát]
piraterij (de)	pirateri (f)	[piratɛrí]
enteren (het)	sulm me anije (m)	[sulm mɛ aníjɛ]
buit (de)	plaçkë (f)	[plátʃkə]
schatten (mv.)	thesare (pl)	[θɛsárɛ]
ontdekking (de)	zbulim (m)	[zbulím]
ontdekken (bijv. nieuw land)	zbuloj	[zbulój]
expeditie (de)	ekspeditë (f)	[ɛkspɛdítə]
musketier (de)	musketar (m)	[muskɛtár]
kardinaal (de)	kardinal (m)	[kardinál]
heraldiek (de)	heraldikë (f)	[hɛraldíkə]
heraldisch (bn)	heraldik	[hɛraldík]

117. Leider. Baas. Autoriteiten

koning (de)	mbret (m)	[mbrét]
koningin (de)	mbretëreshë (f)	[mbrɛtəréʃə]
koninklijk (bn)	mbretërore	[mbrɛtərórɛ]
koninkrijk (het)	mbretëri (f)	[mbrɛtərí]
prins (de)	princ (m)	[prints]
prinses (de)	princeshë (f)	[printséʃə]
president (de)	president (m)	[prɛsidént]
vicepresident (de)	zëvendës president (m)	[zəvéndəs prɛsidént]
senator (de)	senator (m)	[sɛnatór]
monarch (de)	monark (m)	[monárk]
heerser (de)	sundimtar (m)	[sundimtár]
dictator (de)	diktator (m)	[diktatór]
tiran (de)	tiran (m)	[tirán]
magnaat (de)	manjat (m)	[maɲát]
directeur (de)	drejtor (m)	[drɛjtór]
chef (de)	udhëheqës (m)	[uðəhécəs]
beheerder (de)	drejtor (m)	[drɛjtór]
baas (de)	bos (m)	[bos]
eigenaar (de)	pronar (m)	[pronár]
leider (de)	lider (m)	[lidér]
hoofd (bijv. ~ van de delegatie)	kryetar (m)	[kryɛtár]
autoriteiten (mv.)	autoritetet (pl)	[autoritétɛt]
superieuren (mv.)	eprorët (pl)	[ɛprórət]
gouverneur (de)	guvernator (m)	[guvɛrnatór]
consul (de)	konsull (m)	[kónsuɫ]

diplomaat (de)	diplomat (m)	[diplomát]
burgemeester (de)	kryetar komune (m)	[kryɛtár komúnɛ]
sheriff (de)	sherif (m)	[ʃɛríf]
keizer (bijv. Romeinse ~)	perandor (m)	[pɛrandór]
tsaar (de)	car (m)	[tsár]
farao (de)	faraon (m)	[faraón]
kan (de)	khan (m)	[khán]

118. De wet overtreden. Criminelen. Deel 1

bandiet (de)	bandit (m)	[bandít]
misdaad (de)	krim (m)	[krim]
misdadiger (de)	kriminel (m)	[kriminél]
dief (de)	hajdut (m)	[hajdút]
stelen (ww)	vjedh	[vjɛð]
stelen, diefstal (de)	vjedhje (f)	[vjéðjɛ]
kidnappen (ww)	rrëmbej	[rəmbéj]
kidnapping (de)	rrëmbim (m)	[rəmbím]
kidnapper (de)	rrëmbyes (m)	[rəmbýɛs]
losgeld (het)	shpërblesë (f)	[ʃpərblésə]
eisen losgeld (ww)	kërkoj shpërblesë	[kərkój ʃpərblésə]
overvallen (ww)	grabis	[grabís]
overval (de)	grabitje (f)	[grabítjɛ]
overvaller (de)	grabitës (m)	[grabítəs]
afpersen (ww)	zhvat	[ʒvat]
afperser (de)	zhvatës (m)	[ʒvátəs]
afpersing (de)	zhvatje (f)	[ʒvátjɛ]
vermoorden (ww)	vras	[vras]
moord (de)	vrasje (f)	[vrásjɛ]
moordenaar (de)	vrasës (m)	[vrásəs]
schot (het)	e shtënë (f)	[ɛ ʃténə]
een schot lossen	qëlloj	[cəłój]
neerschieten (ww)	qëlloj për vdekje	[cəłój pər vdékjɛ]
schieten (ww)	qëlloj	[cəłój]
schieten (het)	të shtëna (pl)	[tə ʃténa]
ongeluk (gevecht, enz.)	incident (m)	[intsidént]
gevecht (het)	përleshje (f)	[pərléʃjɛ]
Help!	Ndihmë!	[ndíhmə!]
slachtoffer (het)	viktimë (f)	[viktímə]
beschadigen (ww)	dëmtoj	[dəmtój]
schade (de)	dëm (m)	[dəm]
lijk (het)	kufomë (f)	[kufómə]
zwaar (~ misdrijf)	i rëndë	[i réndə]
aanvallen (ww)	sulmoj	[sulmój]

slaan (iemand ~)	rrah	[rah]
in elkaar slaan (toetakelen)	sakatoj	[sakatój]
ontnemen (beroven)	rrëmbej	[rəmbéj]
steken (met een mes)	ther për vdekje	[θɛr pər vdékjɛ]
verminken (ww)	gjymtoj	[ɟymtój]
verwonden (ww)	plagos	[plagós]
chantage (de)	shantazh (m)	[ʃantáʒ]
chanteren (ww)	bëj shantazh	[bəj ʃantáʒ]
chanteur (de)	shantazhist (m)	[ʃantaʒíst]
afpersing (de)	rrjet mashtrimi (m)	[rjét maʃtrími]
afperser (de)	mashtrues (m)	[maʃtrúɛs]
gangster (de)	gangster (m)	[gaŋstér]
maffia (de)	mafia (f)	[máfia]
kruimeldief (de)	vjedhës xhepash (m)	[vjéðəs dʒépaʃ]
inbreker (de)	hajdut (m)	[hajdút]
smokkelen (het)	trafikim (m)	[trafikím]
smokkelaar (de)	trafikues (m)	[trafikúɛs]
namaak (de)	falsifikim (m)	[falsifikím]
namaken (ww)	falsifikoj	[falsifikój]
namaak-, vals (bn)	fals	[fáls]

119. De wet overtreden. Criminelen. Deel 2

verkrachting (de)	përdhunim (m)	[pərðuním]
verkrachten (ww)	përdhunoj	[pərðunój]
verkrachter (de)	përdhunues (m)	[pərðunúɛs]
maniak (de)	maniak (m)	[maniák]
prostituee (de)	prostitutë (f)	[prostitútə]
prostitutie (de)	prostitucion (m)	[prostitutsión]
pooier (de)	tutor (m)	[tutór]
drugsverslaafde (de)	narkoman (m)	[narkomán]
drugshandelaar (de)	trafikant droge (m)	[trafikánt drógɛ]
opblazen (ww)	shpërthej	[ʃpərθéj]
explosie (de)	shpërthim (m)	[ʃpərθím]
in brand steken (ww)	vë flakën	[və flákən]
brandstichter (de)	zjarrvënës (m)	[zjarvénəs]
terrorisme (het)	terrorizëm (m)	[tɛrorízəm]
terrorist (de)	terrorist (m)	[tɛrorist]
gijzelaar (de)	peng (m)	[pɛŋ]
bedriegen (ww)	mashtroj	[maʃtrój]
bedrog (het)	mashtrim (m)	[maʃtrím]
oplichter (de)	mashtrues (m)	[maʃtrúɛs]
omkopen (ww)	jap ryshfet	[jap ryʃfét]
omkoperij (de)	ryshfet (m)	[ryʃfét]

smeergeld (het)	ryshfet (m)	[ryʃfét]
vergif (het)	helm (m)	[hɛlm]
vergiftigen (ww)	helmoj	[hɛlmój]
vergif innemen (ww)	helmohem	[hɛlmóhɛm]
zelfmoord (de)	vetëvrasje (f)	[vɛtəvrásjɛ]
zelfmoordenaar (de)	vetëvrasës (m)	[vɛtəvrásəs]
bedreigen (bijv. met een pistool)	kërcënoj	[kərtsənój]
bedreiging (de)	kërcënim (m)	[kərtsəním]
een aanslag plegen	tentoj	[tɛntój]
aanslag (de)	atentat (m)	[atɛntát]
stelen (een auto)	vjedh	[vjɛð]
kapen (een vliegtuig)	rrëmbej	[rəmbéj]
wraak (de)	hakmarrje (f)	[hakmárjɛ]
wreken (ww)	hakmerrem	[hakmérɛm]
martelen (gevangenen)	torturoj	[torturój]
foltering (de)	torturë (f)	[tortúrə]
folteren (ww)	torturoj	[torturój]
piraat (de)	pirat (m)	[pirát]
straatschender (de)	huligan (m)	[huligán]
gewapend (bn)	i armatosur	[i armatósur]
geweld (het)	dhunë (f)	[ðúnə]
onwettig (strafbaar)	ilegal	[ilɛgál]
spionage (de)	spiunazh (m)	[spiunáʒ]
spioneren (ww)	spiunoj	[spiunój]

120. Politie. Wet. Deel 1

justitie (de)	drejtësi (f)	[drɛjtəsí]
gerechtshof (het)	gjykatë (f)	[ɟykátə]
rechter (de)	gjykatës (m)	[ɟykátəs]
jury (de)	anëtar jurie (m)	[anətár juríɛ]
juryrechtspraak (de)	gjyq me juri (m)	[ɟyc mɛ jurí]
berechten (ww)	gjykoj	[ɟykój]
advocaat (de)	avokat (m)	[avokát]
beklaagde (de)	pandehur (m)	[pandéhur]
beklaagdenbank (de)	bankë e të pandehurit (f)	[bánkə ɛ tə pandéhurit]
beschuldiging (de)	akuzë (f)	[akúzə]
beschuldigde (de)	i akuzuar (m)	[i akuzúar]
vonnis (het)	vendim (m)	[vɛndím]
veroordelen (in een rechtszaak)	dënoj	[dənój]
schuldige (de)	fajtor (m)	[fajtór]

straffen (ww)	ndëshkoj	[ndəʃkój]
bestraffing (de)	ndëshkim (m)	[ndəʃkím]
boete (de)	gjobë (f)	[ɟóbə]
levenslange opsluiting (de)	burgim i përjetshëm (m)	[burgím i pərjétʃəm]
doodstraf (de)	dënim me vdekje (m)	[dəním mɛ vdékjɛ]
elektrische stoel (de)	karrige elektrike (f)	[karígɛ ɛlɛktríkɛ]
schavot (het)	varje (f)	[várjɛ]
executeren (ww)	ekzekutoj	[ɛkzɛkutój]
executie (de)	ekzekutim (m)	[ɛkzɛkutím]
gevangenis (de)	burg (m)	[búrg]
cel (de)	qeli (f)	[cɛlí]
konvooi (het)	eskortë (f)	[ɛskórtə]
gevangenisbewaker (de)	gardian burgu (m)	[gardián búrgu]
gedetineerde (de)	i burgosur (m)	[i burgósur]
handboeien (mv.)	pranga (f)	[práŋa]
handboeien omdoen	vë prangat	[və práŋat]
ontsnapping (de)	arratisje nga burgu (f)	[aratísjɛ ŋa búrgu]
ontsnappen (ww)	arratisem	[aratísɛm]
verdwijnen (ww)	zhduk	[ʒduk]
vrijlaten (uit de gevangenis)	dal nga burgu	[dál ŋa búrgu]
amnestie (de)	amnisti (f)	[amnistí]
politie (de)	polici (f)	[politsí]
politieagent (de)	polic (m)	[políts]
politiebureau (het)	komisariat (m)	[komisariát]
knuppel (de)	shkop gome (m)	[ʃkop gómɛ]
megafoon (de)	altoparlant (m)	[altoparlánt]
patrouilleerwagen (de)	makinë patrullimi (f)	[makínə patruɫími]
sirene (de)	alarm (m)	[alárm]
de sirene aansteken	ndez sirenën	[ndɛz sirénən]
geloei (het) van de sirene	zhurmë alarmi (f)	[ʒúrmə alármi]
plaats delict (de)	skenë krimi (f)	[skénə krími]
getuige (de)	dëshmitar (m)	[dəʃmitár]
vrijheid (de)	liri (f)	[lirí]
handlanger (de)	bashkëpunëtor (m)	[baʃkəpunətór]
ontvluchten (ww)	zhdukem	[ʒdúkɛm]
spoor (het)	gjurmë (f)	[ɟúrmə]

121. Politie. Wet. Deel 2

opsporing (de)	kërkim (m)	[kərkím]
opsporen (ww)	kërkoj ...	[kərkój ...]
verdenking (de)	dyshim (m)	[dyʃím]
verdacht (bn)	i dyshuar	[i dyʃúar]
aanhouden (stoppen)	ndaloj	[ndalój]
tegenhouden (ww)	mbaj të ndaluar	[mbáj tə ndalúar]

strafzaak (de)	padi (f)	[padí]
onderzoek (het)	hetim (m)	[hɛtím]
detective (de)	detektiv (m)	[dɛtɛktív]
onderzoeksrechter (de)	hetues (m)	[hɛtúɛs]
versie (de)	hipotezë (f)	[hipotézə]
motief (het)	motiv (m)	[motív]
verhoor (het)	marrje në pyetje (f)	[márjɛ nə pýɛtjɛ]
ondervragen (door de politie)	marr në pyetje	[mar nə pýɛtjɛ]
ondervragen (omstanders ~)	pyes	[pýɛs]
controle (de)	verifikim (m)	[vɛrifikím]
razzia (de)	kontroll në grup (m)	[kontróɫ nə grúp]
huiszoeking (de)	bastisje (f)	[bastísjɛ]
achtervolging (de)	ndjekje (f)	[ndjékjɛ]
achtervolgen (ww)	ndjek	[ndjék]
opsporen (ww)	ndjek	[ndjék]
arrest (het)	arrestim (m)	[arɛstím]
arresteren (ww)	arrestoj	[arɛstój]
vangen, aanhouden (een dief, enz.)	kap	[kap]
aanhouding (de)	kapje (f)	[kápjɛ]
document (het)	dokument (m)	[dokumént]
bewijs (het)	provë (f)	[próvə]
bewijzen (ww)	dëshmoj	[dəʃmój]
voetspoor (het)	gjurmë (f)	[ɟúrmə]
vingerafdrukken (mv.)	shenja gishtash (pl)	[ʃéɲa gíʃtaʃ]
bewijs (het)	provë (f)	[próvə]
alibi (het)	alibi (f)	[alibí]
onschuldig (bn)	i pafajshëm	[i pafájʃəm]
onrecht (het)	padrejtësi (f)	[padrɛjtəsí]
onrechtvaardig (bn)	i padrejtë	[i padréjtə]
crimineel (bn)	kriminale	[kriminálɛ]
confisqueren (in beslag nemen)	konfiskoj	[konfiskój]
drug (de)	drogë (f)	[drógə]
wapen (het)	armë (f)	[ármə]
ontwapenen (ww)	çarmatos	[tʃarmatós]
bevelen (ww)	urdhëroj	[urðərój]
verdwijnen (ww)	zhduk	[ʒduk]
wet (de)	ligj (m)	[liɟ]
wettelijk (bn)	ligjor	[liɟór]
onwettelijk (bn)	i paligjshëm	[i palíɟʃəm]
verantwoordelijkheid (de)	përgjegjësi (f)	[pərɟɛjəsí]
verantwoordelijk (bn)	përgjegjës	[pərɟéjəs]

NATUUR

De Aarde. Deel 1

122. De kosmische ruimte

kosmos (de)	hapësirë (f)	[hapəsírə]
kosmisch (bn)	hapësinor	[hapəsinór]
kosmische ruimte (de)	kozmos (m)	[kozmós]
wereld (de)	botë (f)	[bótə]
heelal (het)	univers	[univérs]
sterrenstelsel (het)	galaksi (f)	[galaksí]
ster (de)	yll (m)	[yɫ]
sterrenbeeld (het)	yllësi (f)	[yɫəsí]
planeet (de)	planet (m)	[planét]
satelliet (de)	satelit (m)	[satɛlít]
meteoriet (de)	meteor (m)	[mɛtɛór]
komeet (de)	kometë (f)	[kométə]
asteroïde (de)	asteroid (m)	[astɛroíd]
baan (de)	orbitë (f)	[orbítə]
draaien (om de zon, enz.)	rrotullohet	[rotuɫóhɛt]
atmosfeer (de)	atmosferë (f)	[atmosférə]
Zon (de)	Dielli (m)	[diéɫi]
zonnestelsel (het)	sistemi diellor (m)	[sistémi diɛɫór]
zonsverduistering (de)	eklips diellor (m)	[ɛklíps diɛɫór]
Aarde (de)	Toka (f)	[tóka]
Maan (de)	Hëna (f)	[héna]
Mars (de)	Marsi (m)	[mársi]
Venus (de)	Venera (f)	[vɛnéra]
Jupiter (de)	Jupiteri (m)	[jupitéri]
Saturnus (de)	Saturni (m)	[satúrni]
Mercurius (de)	Merkuri (m)	[mɛrkúri]
Uranus (de)	Urani (m)	[uráni]
Neptunus (de)	Neptuni (m)	[nɛptúni]
Pluto (de)	Pluto (f)	[plúto]
Melkweg (de)	Rruga e Qumështit (f)	[rúga ɛ cúməʃtit]
Grote Beer (de)	Arusha e Madhe (f)	[arúʃa ɛ máðɛ]
Poolster (de)	ylli i Veriut (m)	[ýɫi i vériut]
marsmannetje (het)	Marsian (m)	[marsián]
buitenaards wezen (het)	jashtëtokësor (m)	[jaʃtətokəsór]

bovenaards (het)	alien (m)	[alién]
vliegende schotel (de)	disk fluturues (m)	[dísk fluturúɛs]
ruimtevaartuig (het)	anije kozmike (f)	[aníjɛ kozmíkɛ]
ruimtestation (het)	stacion kozmik (m)	[statsión kozmík]
start (de)	ngritje (f)	[ŋrítjɛ]
motor (de)	motor (m)	[motór]
straalpijp (de)	dizë (f)	[dízə]
brandstof (de)	karburant (m)	[karburánt]
cabine (de)	kabinë pilotimi (f)	[kabínə pilotími]
antenne (de)	antenë (f)	[anténə]
patrijspoort (de)	dritare anësore (f)	[dritárɛ anəsórɛ]
zonnebatterij (de)	panel solar (m)	[panél solár]
ruimtepak (het)	veshje astronauti (f)	[véʃjɛ astronáuti]
gewichtloosheid (de)	mungesë graviteti (f)	[muŋésə gravitéti]
zuurstof (de)	oksigjen (m)	[oksiɟén]
koppeling (de)	ndërlidhje në hapësirë (f)	[ndərlíðjɛ nə hapəsírə]
koppeling maken	stacionohem	[statsionóhɛm]
observatorium (het)	observator (m)	[obsɛrvatór]
telescoop (de)	teleskop (m)	[tɛlɛskóp]
waarnemen (ww)	vëzhgoj	[vəʒgój]
exploreren (ww)	eksploroj	[ɛksplorój]

123. De Aarde

Aarde (de)	Toka (f)	[tóka]
aardbol (de)	globi (f)	[glóbi]
planeet (de)	planet (m)	[planét]
atmosfeer (de)	atmosferë (f)	[atmosférə]
aardrijkskunde (de)	gjeografi (f)	[ɟɛografí]
natuur (de)	natyrë (f)	[natýrə]
wereldbol (de)	glob (m)	[glob]
kaart (de)	hartë (f)	[hártə]
atlas (de)	atlas (m)	[atlás]
Europa (het)	Evropa (f)	[ɛvrópa]
Azië (het)	Azia (f)	[azía]
Afrika (het)	Afrika (f)	[afríka]
Australië (het)	Australia (f)	[australía]
Amerika (het)	Amerika (f)	[amɛríka]
Noord-Amerika (het)	Amerika Veriore (f)	[amɛríka vɛriórɛ]
Zuid-Amerika (het)	Amerika Jugore (f)	[amɛríka jugórɛ]
Antarctica (het)	Antarktika (f)	[antarktíka]
Arctis (de)	Arktiku (m)	[arktíku]

124. Windrichtingen

noorden (het)	veri (m)	[vɛrí]
naar het noorden	drejt veriut	[dréjt vériut]
in het noorden	në veri	[nə vɛrí]
noordelijk (bn)	verior	[vɛriór]

zuiden (het)	jug (m)	[jug]
naar het zuiden	drejt jugut	[dréjt júgut]
in het zuiden	në jug	[nə jug]
zuidelijk (bn)	jugor	[jugór]

westen (het)	perëndim (m)	[pɛrəndím]
naar het westen	drejt perëndimit	[dréjt pɛrəndímit]
in het westen	në perëndim	[nə pɛrəndím]
westelijk (bn)	perëndimor	[pɛrəndimór]

oosten (het)	lindje (f)	[líndjɛ]
naar het oosten	drejt lindjes	[dréjt líndjɛs]
in het oosten	në lindje	[nə líndjɛ]
oostelijk (bn)	lindor	[lindór]

125. Zee. Oceaan

zee (de)	det (m)	[dét]
oceaan (de)	oqean (m)	[ocɛán]
golf (baai)	gji (m)	[ɟi]
straat (de)	ngushticë (f)	[ŋuʃtítsə]

grond (vaste grond)	tokë (f)	[tókə]
continent (het)	kontinent (m)	[kontinént]

eiland (het)	ishull (m)	[íʃuɫ]
schiereiland (het)	gadishull (m)	[gadíʃuɫ]
archipel (de)	arkipelag (m)	[arkipɛlág]

baai, bocht (de)	gji (m)	[ɟi]
haven (de)	port (m)	[port]
lagune (de)	lagunë (f)	[lagúnə]
kaap (de)	kep (m)	[kɛp]

atol (de)	atol (m)	[atól]
rif (het)	shkëmb nënujor (m)	[ʃkəmb nənujór]
koraal (het)	koral (m)	[korál]
koraalrif (het)	korale nënujorë (f)	[korálɛ nənujórə]

diep (bn)	i thellë	[i θéɫə]
diepte (de)	thellësi (f)	[θɛɫəsí]
diepzee (de)	humnerë (f)	[humnérə]
trog (bijv. Marianentrog)	hendek (m)	[hɛndék]

stroming (de)	rrymë (f)	[rýmə]
omspoelen (ww)	rrethohet	[rɛθóhɛt]

oever (de)	breg (m)	[brɛg]
kust (de)	bregdet (m)	[brɛgdét]
vloed (de)	batica (f)	[batítsa]
eb (de)	zbaticë (f)	[zbatítsə]
ondiepte (ondiep water)	cekëtinë (f)	[tsɛkətínə]
bodem (de)	fund i detit (m)	[fúnd i détit]
golf (hoge ~)	dallgë (f)	[dáɫgə]
golfkam (de)	kreshtë (f)	[kréʃtə]
schuim (het)	shkumë (f)	[ʃkúmə]
storm (de)	stuhi (f)	[stuhí]
orkaan (de)	uragan (m)	[uragán]
tsunami (de)	cunam (m)	[tsunám]
windstilte (de)	qetësi (f)	[cɛtəsí]
kalm (bijv. ~e zee)	i qetë	[i cétə]
pool (de)	pol (m)	[pol]
polair (bn)	polar	[polár]
breedtegraad (de)	gjerësi (f)	[ɟɛrəsí]
lengtegraad (de)	gjatësi (f)	[ɟatəsí]
parallel (de)	paralele (f)	[paralélɛ]
evenaar (de)	ekuator (m)	[ɛkuatór]
hemel (de)	qiell (m)	[cíɛɫ]
horizon (de)	horizont (m)	[horizónt]
lucht (de)	ajër (m)	[ájər]
vuurtoren (de)	fanar (m)	[fanár]
duiken (ww)	zhytem	[ʒýtɛm]
zinken (ov. een boot)	fundosje	[fundósjɛ]
schatten (mv.)	thesare (pl)	[θɛsárɛ]

126. Namen van zeeën en oceanen

Atlantische Oceaan (de)	Oqeani Atlantik (m)	[ocɛáni atlantík]
Indische Oceaan (de)	Oqeani Indian (m)	[ocɛáni indián]
Stille Oceaan (de)	Oqeani Paqësor (m)	[ocɛáni pacəsór]
Noordelijke IJszee (de)	Oqeani Arktik (m)	[ocɛáni arktík]
Zwarte Zee (de)	Deti i Zi (m)	[déti i zí]
Rode Zee (de)	Deti i Kuq (m)	[déti i kúc]
Gele Zee (de)	Deti i Verdhë (m)	[déti i vérðə]
Witte Zee (de)	Deti i Bardhë (m)	[déti i bárðə]
Kaspische Zee (de)	Deti Kaspik (m)	[déti kaspík]
Dode Zee (de)	Deti i Vdekur (m)	[déti i vdékur]
Middellandse Zee (de)	Deti Mesdhe (m)	[déti mɛsðé]
Egeïsche Zee (de)	Deti Egje (m)	[déti ɛɟé]
Adriatische Zee (de)	Deti Adriatik (m)	[déti adriatík]
Arabische Zee (de)	Deti Arab (m)	[déti aráb]

Japanse Zee (de)	Deti i Japonisë (m)	[déti i japonísə]
Beringzee (de)	Deti Bering (m)	[déti bériŋ]
Zuid-Chinese Zee (de)	Deti i Kinës Jugore (m)	[déti i kínəs jugórɛ]

Koraalzee (de)	Deti Koral (m)	[déti korál]
Tasmanzee (de)	Deti Tasman (m)	[déti tasmán]
Caribische Zee (de)	Deti i Karaibeve (m)	[déti i karaíbɛvɛ]

| Barentszzee (de) | Deti Barents (m) | [déti barénts] |
| Karische Zee (de) | Deti Kara (m) | [déti kára] |

Noordzee (de)	Deti i Veriut (m)	[déti i vériut]
Baltische Zee (de)	Deti Baltik (m)	[déti baltík]
Noorse Zee (de)	Deti Norvegjez (m)	[déti nɔrvɛɟéz]

127. Bergen

berg (de)	mal (m)	[mal]
bergketen (de)	vargmal (m)	[varɡmál]
gebergte (het)	kresht malor (m)	[kréʃt malór]

bergtop (de)	majë (f)	[májə]
bergpiek (de)	maja më e lartë (f)	[mája mə ɛ lártə]
voet (ov. de berg)	rrëza e malit (f)	[rəza ɛ málit]
helling (de)	shpat (m)	[ʃpat]

vulkaan (de)	vullkan (m)	[vuɫkán]
actieve vulkaan (de)	vullkan aktiv (m)	[vuɫkán aktív]
uitgedoofde vulkaan (de)	vullkan i fjetur (m)	[vuɫkán i fjétur]

uitbarsting (de)	shpërthim (m)	[ʃpərθím]
krater (de)	krater (m)	[kratér]
magma (het)	magmë (f)	[mágmə]
lava (de)	llavë (f)	[ɫávə]
gloeiend (~e lava)	i shkrirë	[i ʃkrírə]

kloof (canyon)	kanion (m)	[kanión]
bergkloof (de)	grykë (f)	[grýkə]
spleet (de)	çarje (f)	[tʃárjɛ]
afgrond (de)	humnerë (f)	[humnérə]

bergpas (de)	kalim (m)	[kalím]
plateau (het)	pllajë (f)	[pɫájə]
klip (de)	shkëmb (m)	[ʃkəmb]
heuvel (de)	kodër (f)	[kódər]

gletsjer (de)	akullnajë (f)	[akuɫnájə]
waterval (de)	ujëvarë (f)	[ujəvárə]
geiser (de)	gejzer (m)	[gɛjzér]
meer (het)	liqen (m)	[licén]

vlakte (de)	fushë (f)	[fúʃə]
landschap (het)	peizazh (m)	[pɛizáʒ]
echo (de)	jehonë (f)	[jɛhónə]

T&P Books. Thematische woordenschat Nederlands-Albanees - 5000 woorden

alpinist (de)	alpinist (m)	[alpiníst]
bergbeklimmer (de)	alpinist shkëmbßinjsh (m)	[alpiníst ʃkəmbiɲʃ]
trotseren (berg ~)	pushtoj majën	[puʃtój májən]
beklimming (de)	ngjitje (f)	[ɲɟítjɛ]

128. Bergen namen

Alpen (de)	Alpet (pl)	[alpét]
Mont Blanc (de)	Montblanc (m)	[montblánk]
Pyreneeën (de)	Pirenejet (pl)	[pirɛnéjɛt]

Karpaten (de)	Karpatet (m)	[karpátɛt]
Oeralgebergte (het)	Malet Urale (pl)	[málɛt urálɛ]
Kaukasus (de)	Malet Kaukaze (pl)	[málɛt kaukázɛ]
Elbroes (de)	Mali Elbrus (m)	[máli ɛlbrús]

Altaj (de)	Malet Altai (pl)	[málɛt altái]
Tiensjan (de)	Tian Shani (m)	[tían ʃáni]
Pamir (de)	Malet e Pamirit (m)	[málɛt ɛ pamírit]
Himalaya (de)	Himalajet (pl)	[himalájɛt]
Everest (de)	Mali Everest (m)	[máli ɛvɛrést]

Andes (de)	andet (pl)	[ándɛt]
Kilimanjaro (de)	Mali Kilimanxharo (m)	[máli kilimandʒáro]

129. Rivieren

rivier (de)	lum (m)	[lum]
bron (~ van een rivier)	burim (m)	[burím]
rivierbedding (de)	shtrat lumi (m)	[ʃtrat lúmi]
rivierbekken (het)	basen (m)	[basén]
uitmonden in ...	rrjedh ...	[rjéð ...]

zijrivier (de)	derdhje (f)	[dérðjɛ]
oever (de)	breg (m)	[brɛg]

stroming (de)	rrymë (f)	[rýmə]
stroomafwaarts (bw)	rrjedhje e poshtme	[rjéðjɛ ɛ póʃtmɛ]
stroomopwaarts (bw)	rrjedhje e sipërme	[rjéðjɛ ɛ sípərmɛ]

overstroming (de)	vërshim (m)	[vərʃím]
overstroming (de)	përmbytje (f)	[pərmbýtjɛ]
buiten zijn oevers treden	vërshon	[vərʃón]
overstromen (ww)	përmbytet	[pərmbýtɛt]

zandbank (de)	cekëtinë (f)	[tsɛkətínə]
stroomversnelling (de)	rrjedhë (f)	[rjéðə]

dam (de)	digë (f)	[dígə]
kanaal (het)	kanal (m)	[kanál]
spaarbekken (het)	rezervuar (m)	[rɛzɛrvuár]
sluis (de)	pendë ujore (f)	[péndə ujórɛ]

waterlichaam (het)	**plan hidrik** (m)	[plan hidrík]
moeras (het)	**kënetë** (f)	[kənétə]
broek (het)	**moçal** (m)	[motʃál]
draaikolk (de)	**vorbull** (f)	[vórbuɫ]
stroom (de)	**përrua** (f)	[pərúa]
drink- (abn)	**i pijshëm**	[i píjʃəm]
zoet (~ water)	**i freskët**	[i fréskət]
ijs (het)	**akull** (m)	[ákuɫ]
bevriezen (rivier, enz.)	**ngrihet**	[ŋríhɛt]

130. Namen van rivieren

Seine (de)	**Sena** (f)	[séna]
Loire (de)	**Loire** (f)	[luar]
Theems (de)	**Temza** (f)	[témza]
Rijn (de)	**Rajnë** (m)	[rájnə]
Donau (de)	**Danubi** (m)	[danúbi]
Wolga (de)	**Volga** (f)	[vólga]
Don (de)	**Doni** (m)	[dóni]
Lena (de)	**Lena** (f)	[léna]
Gele Rivier (de)	**Lumi i Verdhë** (m)	[lúmi i vérðə]
Blauwe Rivier (de)	**Jangce** (f)	[jaŋtsé]
Mekong (de)	**Mekong** (m)	[mɛkóŋ]
Ganges (de)	**Gang** (m)	[gaŋ]
Nijl (de)	**Lumi Nil** (m)	[lúmi nil]
Kongo (de)	**Lumi Kongo** (m)	[lúmi kóŋo]
Okavango (de)	**Lumi Okavango** (m)	[lúmi okaváŋo]
Zambezi (de)	**Lumi Zambezi** (m)	[lúmi zambézi]
Limpopo (de)	**Lumi Limpopo** (m)	[lúmi limpópo]
Mississippi (de)	**Lumi Misisipi** (m)	[lúmi misisípi]

131. Bos

bos (het)	**pyll** (m)	[pyɫ]
bos- (abn)	**pyjor**	[pyjór]
oerwoud (dicht bos)	**pyll i ngjeshur** (m)	[pyɫ i ɲjéʃur]
bosje (klein bos)	**zabel** (m)	[zabél]
open plek (de)	**lëndinë** (f)	[ləndínə]
struikgewas (het)	**pyllëz** (m)	[pýɫəz]
struiken (mv.)	**shkurre** (f)	[ʃkúrɛ]
paadje (het)	**shteg** (m)	[ʃtɛg]
ravijn (het)	**hon** (m)	[hon]
boom (de)	**pemë** (f)	[pémə]

| blad (het) | gjeth (m) | [ɟɛθ] |
| gebladerte (het) | gjethe (pl) | [ɟéθɛ] |

vallende bladeren (mv.)	rënie e gjetheve (f)	[rəníɛ ɛ ɟéθɛvɛ]
vallen (ov. de bladeren)	bien	[bíɛn]
boomtop (de)	maje (f)	[májɛ]

tak (de)	degë (f)	[dégə]
ent (de)	degë (f)	[dégə]
knop (de)	syth (m)	[syθ]
naald (de)	shtiza pishe (f)	[ʃtíza píʃɛ]
dennenappel (de)	lule pishe (f)	[lúlɛ píʃɛ]

boom holte (de)	zgavër (f)	[zgávər]
nest (het)	fole (f)	[folé]
hol (het)	strofull (f)	[strófuɫ]

stam (de)	trung (m)	[truŋ]
wortel (bijv. boom~s)	rrënjë (f)	[réɲə]
schors (de)	lëvore (f)	[ləvórɛ]
mos (het)	myshk (m)	[myʃk]

ontwortelen (een boom)	shkul	[ʃkul]
kappen (een boom ~)	pres	[prɛs]
ontbossen (ww)	shpyllëzoj	[ʃpyɫəzój]
stronk (de)	cung (m)	[tsúŋ]

kampvuur (het)	zjarr kampingu (m)	[zjar kampíŋu]
bosbrand (de)	zjarr në pyll (m)	[zjar nə pyɫ]
blussen (ww)	shuaj	[ʃúaj]

boswachter (de)	roje pyjore (f)	[rójɛ pyjórɛ]
bescherming (de)	mbrojtje (f)	[mbrójtjɛ]
beschermen (bijv. de natuur ~)	mbroj	[mbrój]
stroper (de)	gjahtar i jashtëligjshëm (m)	[ɟahtár i jaʃtəlíɟʃəm]
val (de)	grackë (f)	[grátskə]

| plukken (vruchten, enz.) | mbledh | [mblédh] |
| verdwalen (de weg kwijt zijn) | humb rrugën | [húmb rúgən] |

132. Natuurlijke hulpbronnen

natuurlijke rijkdommen (mv.)	burime natyrore (pl)	[burímɛ natyrórɛ]
delfstoffen (mv.)	minerale (pl)	[minɛrálɛ]
lagen (mv.)	depozita (pl)	[dɛpozíta]
veld (bijv. olie~)	fushë (f)	[fúʃə]

winnen (uit erts ~)	nxjerr	[ndzjér]
winning (de)	nxjerrje mineralesh (f)	[ndzjérjɛ minɛrálɛʃ]
erts (het)	xehe (f)	[dzéhɛ]
mijn (bijv. kolenmijn)	minierë (f)	[miniérə]
mijnschacht (de)	nivel (m)	[nivél]
mijnwerker (de)	minator (m)	[minatór]

gas (het)	gaz (m)	[gaz]
gasleiding (de)	gazsjellës (m)	[gazsjéɫəs]
olie (aardolie)	naftë (f)	[náftə]
olieleiding (de)	naftësjellës (f)	[naftəsjéɫəs]
oliebron (de)	pus nafte (m)	[pus náftɛ]
boortoren (de)	burim nafte (m)	[burím náftɛ]
tanker (de)	anije-cisternë (f)	[aníjɛ-tsistérnə]
zand (het)	rërë (f)	[rérə]
kalksteen (de)	gur gëlqeror (m)	[gur gəlcɛrór]
grind (het)	zhavorr (m)	[ʒavór]
veen (het)	torfë (f)	[tórfə]
klei (de)	argjilë (f)	[arɟílə]
steenkool (de)	qymyr (m)	[cymýr]
ijzer (het)	hekur (m)	[hékur]
goud (het)	ar (m)	[ár]
zilver (het)	argjend (m)	[arɟénd]
nikkel (het)	nikel (m)	[nikél]
koper (het)	bakër (m)	[bákər]
zink (het)	zink (m)	[zink]
mangaan (het)	mangan (m)	[maŋán]
kwik (het)	merkur (m)	[mɛrkúr]
lood (het)	plumb (m)	[plúmb]
mineraal (het)	mineral (m)	[minɛrál]
kristal (het)	kristal (m)	[kristál]
marmer (het)	mermer (m)	[mɛrmér]
uraan (het)	uranium (m)	[uraniúm]

De Aarde. Deel 2

133. Weer

weer (het)	moti (m)	[móti]
weersvoorspelling (de)	parashikimi i motit (m)	[paraʃikími i mótit]
temperatuur (de)	temperaturë (f)	[tɛmpɛratúrə]
thermometer (de)	termometër (m)	[tɛrmométər]
barometer (de)	barometër (m)	[barométər]
vochtig (bn)	i lagësht	[i lágəʃt]
vochtigheid (de)	lagështi (f)	[lagəʃtí]
hitte (de)	vapë (f)	[vápə]
heet (bn)	shumë nxehtë	[ʃúmə ndzéhtə]
het is heet	është nxehtë	[éʃtə ndzéhtə]
het is warm	është ngrohtë	[éʃtə ŋróhtə]
warm (bn)	ngrohtë	[ŋróhtə]
het is koud	bën ftohtë	[bən ftóhtə]
koud (bn)	i ftohtë	[i ftóhtə]
zon (de)	diell (m)	[díɛɫ]
schijnen (de zon)	ndriçon	[ndritʃón]
zonnig (~e dag)	me diell	[mɛ díɛɫ]
opgaan (ov. de zon)	agon	[agón]
ondergaan (ww)	perëndon	[pɛrəndón]
wolk (de)	re (f)	[rɛ]
bewolkt (bn)	vranët	[vránət]
regenwolk (de)	re shiu (f)	[rɛ ʃíu]
somber (bn)	vranët	[vránət]
regen (de)	shi (m)	[ʃi]
het regent	bie shi	[bíɛ ʃi]
regenachtig (bn)	me shi	[mɛ ʃi]
motregenen (ww)	shi i imët	[ʃi i ímət]
plensbui (de)	shi litar (m)	[ʃi litár]
stortbui (de)	stuhi shiu (f)	[stuhí ʃíu]
hard (bn)	i fortë	[i fórtə]
plas (de)	brakë (f)	[brákə]
nat worden (ww)	lagem	[lágɛm]
mist (de)	mjegull (f)	[mjéguɫ]
mistig (bn)	e mjegullt	[ɛ mjéguɫt]
sneeuw (de)	borë (f)	[bórə]
het sneeuwt	bie borë	[bíɛ bórə]

134. Zwaar weer. Natuurrampen

noodweer (storm)	stuhi (f)	[stuhí]
bliksem (de)	vetëtimë (f)	[vɛtətímə]
flitsen (ww)	vetëton	[vɛtətón]

donder (de)	bubullimë (f)	[bubuɫímə]
donderen (ww)	bubullon	[bubuɫón]
het dondert	bubullon	[bubuɫón]

hagel (de)	breshër (m)	[bréʃər]
het hagelt	po bie breshër	[po biɛ bréʃər]

overstromen (ww)	përmbytet	[pərmbýtɛt]
overstroming (de)	përmbytje (f)	[pərmbýtjɛ]

aardbeving (de)	tërmet (m)	[tərmét]
aardschok (de)	lëkundje (f)	[ləkúndjɛ]
epicentrum (het)	epiqendër (f)	[ɛpicéndər]

uitbarsting (de)	shpërthim (m)	[ʃpərθím]
lava (de)	llavë (f)	[ɫávə]

wervelwind (de)	vorbull (f)	[vórbuɫ]
windhoos (de)	tornado (f)	[tornádo]
tyfoon (de)	tajfun (m)	[tajfún]

orkaan (de)	uragan (m)	[uragán]
storm (de)	stuhi (f)	[stuhí]
tsunami (de)	cunam (m)	[tsunám]

cycloon (de)	ciklon (m)	[tsiklón]
onweer (het)	mot i keq (m)	[mot i kɛc]
brand (de)	zjarr (m)	[zjar]
ramp (de)	fatkeqësi (f)	[fatkɛcəsí]
meteoriet (de)	meteor (m)	[mɛtɛór]

lawine (de)	ortek (m)	[ortέk]
sneeuwverschuiving (de)	rrëshqitje bore (f)	[rəʃcítjɛ bórɛ]
sneeuwjacht (de)	stuhi bore (f)	[stuhí bórɛ]
sneeuwstorm (de)	stuhi bore (f)	[stuhí bórɛ]

Fauna

135. Zoogdieren. Roofdieren

roofdier (het)	grabitqar (m)	[grabitcár]
tijger (de)	tigër (m)	[tígər]
leeuw (de)	luan (m)	[luán]
wolf (de)	ujk (m)	[ujk]
vos (de)	dhelpër (f)	[ðélpər]
jaguar (de)	jaguar (m)	[jaguár]
luipaard (de)	leopard (m)	[lɛopárd]
jachtluipaard (de)	gepard (m)	[gɛpárd]
panter (de)	panterë e zezë (f)	[pantérə ɛ zézə]
poema (de)	puma (f)	[púma]
sneeuwluipaard (de)	leopard i borës (m)	[lɛopárd i bórəs]
lynx (de)	rrëqebull (m)	[rəcébuɫ]
coyote (de)	kojotë (f)	[kojótə]
jakhals (de)	çakall (m)	[tʃakáɫ]
hyena (de)	hienë (f)	[hiénə]

136. Wilde dieren

dier (het)	kafshë (f)	[káfʃə]
beest (het)	bishë (f)	[bíʃə]
eekhoorn (de)	ketër (m)	[kétər]
egel (de)	iriq (m)	[iríc]
haas (de)	lepur i egër (m)	[lépur i égər]
konijn (het)	lepur (m)	[lépur]
das (de)	vjedull (f)	[vjéduɫ]
wasbeer (de)	rakun (m)	[rakún]
hamster (de)	hamster (m)	[hamstér]
marmot (de)	marmot (m)	[marmót]
mol (de)	urith (m)	[uríθ]
muis (de)	mi (m)	[mi]
rat (de)	mi (m)	[mi]
vleermuis (de)	lakuriq (m)	[lakuríc]
hermelijn (de)	herminë (f)	[hɛrmínə]
sabeldier (het)	kunadhe (f)	[kunáðɛ]
marter (de)	shqarth (m)	[ʃcarθ]
wezel (de)	nuselalë (f)	[nusɛlálə]
nerts (de)	vizon (m)	[vizón]

bever (de)	kastor (m)	[kastór]
otter (de)	vidër (f)	[vídər]
paard (het)	kali (m)	[káli]
eland (de)	dre brilopatë (m)	[drɛ brilopátə]
hert (het)	dre (f)	[drɛ]
kameel (de)	deve (f)	[dévɛ]
bizon (de)	bizon (m)	[bizón]
wisent (de)	bizon evropian (m)	[bizón ɛvropián]
buffel (de)	buall (m)	[búaɫ]
zebra (de)	zebër (f)	[zébər]
antilope (de)	antilopë (f)	[antilópə]
ree (de)	dre (f)	[drɛ]
damhert (het)	dre ugar (m)	[drɛ ugár]
gems (de)	kamosh (m)	[kamóʃ]
everzwijn (het)	derr i egër (m)	[dér i égər]
walvis (de)	balenë (f)	[balénə]
rob (de)	fokë (f)	[fókə]
walrus (de)	lopë deti (f)	[lópə déti]
zeebeer (de)	fokë (f)	[fókə]
dolfijn (de)	delfin (m)	[dɛlfín]
beer (de)	ari (m)	[arí]
ijsbeer (de)	ari polar (m)	[arí polár]
panda (de)	panda (f)	[pánda]
aap (de)	majmun (m)	[majmún]
chimpansee (de)	shimpanze (f)	[ʃimpánzɛ]
orang-oetan (de)	orangutan (m)	[oraŋután]
gorilla (de)	gorillë (f)	[gorítə]
makaak (de)	majmun makao (m)	[majmún makáo]
gibbon (de)	gibon (m)	[gibón]
olifant (de)	elefant (m)	[ɛlɛfánt]
neushoorn (de)	rinoqeront (m)	[rinocɛrónt]
giraffe (de)	gjirafë (f)	[ɟiráfə]
nijlpaard (het)	hipopotam (m)	[hipopotám]
kangoeroe (de)	kangur (m)	[kaŋúr]
koala (de)	koala (f)	[koála]
mangoest (de)	mangustë (f)	[maŋústə]
chinchilla (de)	çinçila (f)	[tʃintʃíla]
stinkdier (het)	qelbës (m)	[célbəs]
stekelvarken (het)	ferrëgjatë (m)	[fɛrəɟátə]

137. Huisdieren

poes (de)	mace (f)	[mátsɛ]
kater (de)	maçok (m)	[matʃók]
hond (de)	qen (m)	[cɛn]

paard (het)	kali (m)	[káli]
hengst (de)	hamshor (m)	[hamʃór]
merrie (de)	pelë (f)	[pélə]

koe (de)	lopë (f)	[lópə]
bul, stier (de)	dem (m)	[dém]
os (de)	ka (m)	[ka]

schaap (het)	dele (f)	[délɛ]
ram (de)	dash (m)	[daʃ]
geit (de)	dhi (f)	[ði]
bok (de)	cjap (m)	[tsjáp]

ezel (de)	gomar (m)	[gomár]
muilezel (de)	mushkë (f)	[múʃkə]

varken (het)	derr (m)	[dɛr]
biggetje (het)	derrkuc (m)	[dɛrkúts]
konijn (het)	lepur (m)	[lépur]

kip (de)	pulë (f)	[púlə]
haan (de)	gjel (m)	[ɟél]

eend (de)	rosë (f)	[rósə]
woerd (de)	rosak (m)	[rosák]
gans (de)	patë (f)	[pátə]

kalkoen haan (de)	gjel deti i egër (m)	[ɟél déti i égər]
kalkoen (de)	gjel deti (m)	[ɟél déti]

huisdieren (mv.)	kafshë shtëpiake (f)	[káfʃə ʃtəpiákɛ]
tam (bijv. hamster)	i zbutur	[i zbútur]
temmen (tam maken)	zbus	[zbus]
fokken (bijv. paarden ~)	rrit	[rit]

boerderij (de)	fermë (f)	[férmə]
gevogelte (het)	pulari (f)	[pularí]
rundvee (het)	bagëti (f)	[bagətí]
kudde (de)	kope (f)	[kopé]

paardenstal (de)	stallë (f)	[stáɫə]
zwijnenstal (de)	stallë e derrave (f)	[stáɫə ɛ déravɛ]
koeienstal (de)	stallë e lopëve (f)	[stáɫə ɛ lópəvɛ]
konijnenhok (het)	kolibe lepujsh (f)	[kolíbɛ lépujʃ]
kippenhok (het)	kotec (m)	[kotéts]

138. Vogels

vogel (de)	zog (m)	[zog]
duif (de)	pëllumb (m)	[pəɫúmb]
mus (de)	harabel (m)	[harabél]
koolmees (de)	xhixhimës (m)	[dʒidʒimə́s]
ekster (de)	laraskë (f)	[laráskə]
raaf (de)	korb (m)	[korb]

kraai (de)	sorrë (f)	[sórə]
kauw (de)	galë (f)	[gálə]
roek (de)	sorrë (f)	[sórə]
eend (de)	rosë (f)	[rósə]
gans (de)	patë (f)	[pátə]
fazant (de)	fazan (m)	[fazán]
arend (de)	shqiponjë (f)	[ʃcipóɲə]
havik (de)	gjeraqinë (f)	[ɟɛracínə]
valk (de)	fajkua (f)	[fajkúa]
gier (de)	hutë (f)	[hútə]
condor (de)	kondor (m)	[kondór]
zwaan (de)	mjellmë (f)	[mjɛɫmə]
kraanvogel (de)	lejlek (m)	[lɛjlék]
ooievaar (de)	lejlek (m)	[lɛjlék]
papegaai (de)	papagall (m)	[papagáɫ]
kolibrie (de)	kolibri (m)	[kolíbri]
pauw (de)	pallua (m)	[paɫúa]
struisvogel (de)	struc (m)	[struts]
reiger (de)	çafkë (f)	[tʃáfkə]
flamingo (de)	flamingo (m)	[flamíŋo]
pelikaan (de)	pelikan (m)	[pɛlikán]
nachtegaal (de)	bilbil (m)	[bilbíl]
zwaluw (de)	dallëndyshe (f)	[daɫəndýʃɛ]
lijster (de)	mëllenjë (f)	[məɫéɲə]
zanglijster (de)	grifsha (f)	[gríffa]
merel (de)	mëllenjë (f)	[məɫéɲə]
gierzwaluw (de)	dallëndyshe (f)	[daɫəndýʃɛ]
leeuwerik (de)	thëllëzë (f)	[θəɫézə]
kwartel (de)	trumcak (m)	[trumtsák]
specht (de)	qukapik (m)	[cukapík]
koekoek (de)	kukuvajkë (f)	[kukuvájkə]
uil (de)	buf (m)	[buf]
oehoe (de)	buf mbretëror (m)	[buf mbrɛtərór]
auerhoen (het)	fazan i pyllit (m)	[fazán i pýɫit]
korhoen (het)	fazan i zi (m)	[fazán i zí]
patrijs (de)	thëllëzë (f)	[θəɫézə]
spreeuw (de)	gargull (m)	[gárguɫ]
kanarie (de)	kanarinë (f)	[kanarínə]
hazelhoen (het)	fazan mali (m)	[fazán máli]
vink (de)	trishtil (m)	[triʃtíl]
goudvink (de)	trishtil dimri (m)	[triʃtíl dímri]
meeuw (de)	pulëbardhë (f)	[puləbárðə]
albatros (de)	albatros (m)	[albatrós]
pinguïn (de)	penguin (m)	[pɛŋuín]

139. Vis. Zeedieren

brasem (de)	krapuliq (m)	[krapulíc]
karper (de)	krap (m)	[krap]
baars (de)	perç (m)	[pɛrtʃ]
meerval (de)	mustak (m)	[musták]
snoek (de)	mlysh (m)	[mlýʃ]
zalm (de)	salmon (m)	[salmón]
steur (de)	bli (m)	[blí]
haring (de)	harengë (f)	[haréŋə]
atlantische zalm (de)	salmon Atlantiku (m)	[salmón atlantíku]
makreel (de)	skumbri (m)	[skúmbri]
platvis (de)	shojzë (f)	[ʃójzə]
snoekbaars (de)	troftë (f)	[tróftə]
kabeljauw (de)	merluc (m)	[mɛrlúts]
tonijn (de)	tunë (f)	[túnə]
forel (de)	troftë (f)	[tróftə]
paling (de)	ngjalë (f)	[ɲʝálə]
sidderrog (de)	peshk elektrik (m)	[pɛʃk ɛlɛktrík]
murene (de)	ngjalë morel (f)	[ɲʝálə morél]
piranha (de)	piranja (f)	[piráɲa]
haai (de)	peshkaqen (m)	[pɛʃkacén]
dolfijn (de)	delfin (m)	[dɛlfín]
walvis (de)	balenë (f)	[balénə]
krab (de)	gaforre (f)	[gafórɛ]
kwal (de)	kandil deti (m)	[kandíl déti]
octopus (de)	oktapod (m)	[oktapód]
zeester (de)	yll deti (m)	[yɫ déti]
zee-egel (de)	iriq deti (m)	[iríc déti]
zeepaardje (het)	kalë deti (m)	[kálə déti]
oester (de)	midhje (f)	[míðjɛ]
garnaal (de)	karkalec (m)	[karkaléts]
kreeft (de)	karavidhe (f)	[karavíðɛ]
langoest (de)	karavidhe (f)	[karavíðɛ]

140. Amfibieën. Reptielen

slang (de)	gjarpër (m)	[ʝárpər]
giftig (slang)	helmues	[hɛlmúɛs]
adder (de)	nepërka (f)	[nɛpérka]
cobra (de)	kobra (f)	[kóbra]
python (de)	piton (m)	[pitón]
boa (de)	boa (f)	[bóa]
ringslang (de)	kular (m)	[kulár]

| ratelslang (de) | gjarpër me zile (m) | [ɟárpər mɛ zílɛ] |
| anaconda (de) | anakonda (f) | [anakónda] |

hagedis (de)	hardhucë (f)	[harðútsə]
leguaan (de)	iguana (f)	[iguána]
varaan (de)	varan (m)	[varán]
salamander (de)	salamandër (f)	[salamándər]
kameleon (de)	kameleon (m)	[kamɛlɛón]
schorpioen (de)	akrep (m)	[akrép]

schildpad (de)	breshkë (f)	[bréʃkə]
kikker (de)	bretkosë (f)	[brɛtkósə]
pad (de)	zhabë (f)	[ʒábə]
krokodil (de)	krokodil (m)	[krokodíl]

141. Insecten

insect (het)	insekt (m)	[insékt]
vlinder (de)	flutur (f)	[flútur]
mier (de)	milingonë (f)	[miliŋónə]
vlieg (de)	mizë (f)	[mízə]
mug (de)	mushkonjë (f)	[muʃkóɲə]
kever (de)	brumbull (m)	[brúmbuɫ]

wesp (de)	grerëz (f)	[grérəz]
bij (de)	bletë (f)	[blétə]
hommel (de)	greth (m)	[grɛθ]
horzel (de)	zekth (m)	[zɛkθ]

| spin (de) | merimangë (f) | [mɛrimáŋə] |
| spinnenweb (het) | rrjetë merimange (f) | [rjétə mɛrimáŋɛ] |

libel (de)	pilivesë (f)	[pilivésə]
sprinkhaan (de)	karkalec (m)	[karkaléts]
nachtvlinder (de)	molë (f)	[mólə]

kakkerlak (de)	kacabu (f)	[katsabú]
teek (de)	rriqër (m)	[rítsər]
vlo (de)	plesht (m)	[plɛʃt]
kriebelmug (de)	mushicë (f)	[muʃítsə]

treksprinkhaan (de)	gjinkallë (f)	[ɟinkáɫə]
slak (de)	kërmill (m)	[kərmíɫ]
krekel (de)	bulkth (m)	[búlkθ]
glimworm (de)	xixëllonjë (f)	[dzidzəɫóɲə]
lieveheersbeestje (het)	mollëkuqe (f)	[moɫəkúcɛ]
meikever (de)	vizhë (f)	[víʒə]

bloedzuiger (de)	shushunjë (f)	[ʃuʃúɲə]
rups (de)	vemje (f)	[vémjɛ]
aardworm (de)	krimb toke (m)	[krímb tókɛ]
larve (de)	larvë (f)	[lárvə]

Flora

142. Bomen

boom (de)	pemë (f)	[pémə]
loof- (abn)	gjethor	[ɟɛθór]
dennen- (abn)	halor	[halór]
groenblijvend (bn)	përherë të gjelbra	[pərhérə tə ɟélbra]

appelboom (de)	pemë molle (f)	[pémə mótɛ]
perenboom (de)	pemë dardhe (f)	[pémə dárðɛ]
zoete kers (de)	pemë qershie (f)	[pémə cɛrʃíɛ]
zure kers (de)	pemë qershi vishnje (f)	[pémə cɛrʃí víʃɲɛ]
pruimelaar (de)	pemë kumbulle (f)	[pémə kúmbuɫɛ]

berk (de)	mështekna (f)	[məʃtékna]
eik (de)	lis (m)	[lis]
linde (de)	bli (m)	[blí]
esp (de)	plep i egër (m)	[plɛp i égər]
esdoorn (de)	panjë (f)	[páɲə]
spar (de)	bredh (m)	[brɛð]
den (de)	pishë (f)	[píʃə]
lariks (de)	larsh (m)	[lárʃ]
zilverspar (de)	bredh i bardhë (m)	[brɛð i bárðə]
ceder (de)	kedër (m)	[kédər]

populier (de)	plep (m)	[plɛp]
lijsterbes (de)	vadhë (f)	[váðə]
wilg (de)	shelg (m)	[ʃɛlg]
els (de)	verr (m)	[vɛr]
beuk (de)	ah (m)	[ah]
iep (de)	elm (m)	[élm]
es (de)	shelg (m)	[ʃɛlg]
kastanje (de)	gështenjë (f)	[gəʃtéɲə]

magnolia (de)	manjolia (f)	[maɲólia]
palm (de)	palma (f)	[pálma]
cipres (de)	qiparis (m)	[ciparís]

mangrove (de)	rizoforë (f)	[rizofórə]
baobab (apenbroodboom)	baobab (m)	[baobáb]
eucalyptus (de)	eukalipt (m)	[ɛukalípt]
mammoetboom (de)	sekuojë (f)	[sɛkuójə]

143. Heesters

struik (de)	shkurre (f)	[ʃkúrɛ]
heester (de)	kaçube (f)	[katʃúbɛ]

wijnstok (de)	hardhi (f)	[harðí]
wijngaard (de)	vreshtë (f)	[vréʃtə]
frambozenstruik (de)	mjedër (f)	[mjédər]
zwarte bes (de)	kaliboba e zezë (f)	[kalibóba ɛ zézə]
rode bessenstruik (de)	kaliboba e kuqe (f)	[kalibóba ɛ kúcɛ]
kruisbessenstruik (de)	shkurre kulumbrie (f)	[ʃkúrɛ kulumbríɛ]
acacia (de)	akacie (f)	[akátsiɛ]
zuurbes (de)	krespinë (f)	[krɛspínə]
jasmijn (de)	jasemin (m)	[jasɛmín]
jeneverbes (de)	dëllinjë (f)	[dətíɲə]
rozenstruik (de)	trëndafil (m)	[trəndafíl]
hondsroos (de)	trëndafil i egër (m)	[trəndafíl i égər]

144. Vruchten. Bessen

vrucht (de)	frut (m)	[frut]
vruchten (mv.)	fruta (pl)	[frúta]
appel (de)	mollë (f)	[mótə]
peer (de)	dardhë (f)	[dárðə]
pruim (de)	kumbull (f)	[kúmbut]
aardbei (de)	luleshtrydhe (f)	[lulɛʃtrýðɛ]
zure kers (de)	qershi vishnje (f)	[cɛrʃí víʃɲɛ]
zoete kers (de)	qershi (f)	[cɛrʃí]
druif (de)	rrush (m)	[ruʃ]
framboos (de)	mjedër (f)	[mjédər]
zwarte bes (de)	kaliboba e zezë (f)	[kalibóba ɛ zézə]
rode bes (de)	kaliboba e kuqe (f)	[kalibóba ɛ kúcɛ]
kruisbes (de)	kulumbri (f)	[kulumbrí]
veenbes (de)	boronica (f)	[boronítsa]
sinaasappel (de)	portokall (m)	[portokát]
mandarijn (de)	mandarinë (f)	[mandarínə]
ananas (de)	ananas (m)	[ananás]
banaan (de)	banane (f)	[banánɛ]
dadel (de)	hurmë (f)	[húrmə]
citroen (de)	limon (m)	[limón]
abrikoos (de)	kajsi (f)	[kajsí]
perzik (de)	pjeshkë (f)	[pjéʃkə]
kiwi (de)	kivi (m)	[kívi]
grapefruit (de)	grejpfrut (m)	[grɛjpfrút]
bes (de)	manë (f)	[mánə]
bessen (mv.)	mana (f)	[mána]
vossenbes (de)	boronicë mirtile (f)	[boronítsə mirtílɛ]
bosaardbei (de)	luleshtrydhe e egër (f)	[lulɛʃtrýðɛ ɛ égər]
blauwe bosbes (de)	boronicë (f)	[boronítsə]

145. Bloemen. Planten

bloem (de)	lule (f)	[lúlɛ]
boeket (het)	buqetë (f)	[bucétə]

roos (de)	trëndafil (m)	[trəndafíl]
tulp (de)	tulipan (m)	[tulipán]
anjer (de)	karafil (m)	[karafíl]
gladiool (de)	gladiolë (f)	[gladiólə]

korenbloem (de)	lule misri (f)	[lúlɛ mísri]
klokje (het)	lule këmborë (f)	[lúlɛ kəmbórə]
paardenbloem (de)	luleradhiqe (f)	[lulɛraðícɛ]
kamille (de)	kamomil (m)	[kamomíl]

aloë (de)	aloe (f)	[alóɛ]
cactus (de)	kaktus (m)	[kaktús]
ficus (de)	fikus (m)	[fíkus]

lelie (de)	zambak (m)	[zambák]
geranium (de)	barbarozë (f)	[barbarózə]
hyacint (de)	zymbyl (m)	[zymbýl]

mimosa (de)	mimoza (f)	[mimóza]
narcis (de)	narcis (m)	[nartsís]
Oost-Indische kers (de)	lule këmbore (f)	[lúlɛ kəmbórɛ]

orchidee (de)	orkide (f)	[orkidé]
pioenroos (de)	bozhure (f)	[boʒúrɛ]
viooltje (het)	vjollcë (f)	[vjóɫtsə]

driekleurig viooltje (het)	lule vjollca (f)	[lúlɛ vjóɫtsa]
vergeet-mij-nietje (het)	mosmëharro (f)	[mosməharó]
madeliefje (het)	margaritë (f)	[margarítə]

papaver (de)	lulëkuqe (f)	[luləkúcɛ]
hennep (de)	kërp (m)	[kə́rp]
munt (de)	mendër (f)	[méndər]

lelietje-van-dalen (het)	zambak i fushës (m)	[zambák i fúʃəs]
sneeuwklokje (het)	luleborë (f)	[lulɛbórə]

brandnetel (de)	hithra (f)	[híθra]
veldzuring (de)	lëpjeta (f)	[ləpjéta]
waterlelie (de)	zambak uji (m)	[zambák úji]
varen (de)	fier (m)	[fíɛr]
korstmos (het)	likene (f)	[likénɛ]

oranjerie (de)	serrë (f)	[sérə]
gazon (het)	lëndinë (f)	[ləndínə]
bloemperk (het)	kënd lulishteje (m)	[kənd lulíʃtɛjɛ]

plant (de)	bimë (f)	[bímə]
gras (het)	bar (m)	[bar]
grasspriet (de)	fije bari (f)	[fíjɛ bári]

blad (het)	gjeth (m)	[ɟɛθ]
bloemblad (het)	petale (f)	[pɛtálɛ]
stengel (de)	bisht (m)	[biʃt]
knol (de)	zhardhok (m)	[ʒarðók]
scheut (de)	filiz (m)	[filíz]
doorn (de)	gjemb (m)	[ɟémb]
bloeien (ww)	lulëzoj	[luləzój]
verwelken (ww)	vyshket	[výʃkɛt]
geur (de)	aromë (f)	[arómə]
snijden (bijv. bloemen ~)	pres lulet	[prɛs lúlɛt]
plukken (bloemen ~)	mbledh lule	[mbléð lúlɛ]

146. Granen, graankorrels

graan (het)	drithë (m)	[dríθə]
graangewassen (mv.)	drithëra (pl)	[dríθəra]
aar (de)	kaush (m)	[kaúʃ]
tarwe (de)	grurë (f)	[grúrə]
rogge (de)	thekër (f)	[θékər]
haver (de)	tërshërë (f)	[tərʃérə]
gierst (de)	mel (m)	[mɛl]
gerst (de)	elb (m)	[ɛlb]
maïs (de)	misër (m)	[mísər]
rijst (de)	oriz (m)	[oríz]
boekweit (de)	hikërr (m)	[híkər]
erwt (de)	bizele (f)	[bizélɛ]
nierboon (de)	groshë (f)	[gróʃə]
soja (de)	sojë (f)	[sójə]
linze (de)	thjerrëz (f)	[θjérəz]
bonen (mv.)	fasule (f)	[fasúlɛ]

LANDEN. NATIONALITEITEN

147. West-Europa

Europa (het)	Evropa (f)	[ɛvrópa]
Europese Unie (de)	Bashkimi Evropian (m)	[baʃkími ɛvropián]

Oostenrijk (het)	Austri (f)	[austrí]
Groot-Brittannië (het)	Britani e Madhe (f)	[brítani ɛ máðɛ]
Engeland (het)	Angli (f)	[aŋlí]
België (het)	Belgjikë (f)	[bɛʎíkə]
Duitsland (het)	Gjermani (f)	[ʝɛrmaní]

Nederland (het)	Holandë (f)	[holándə]
Holland (het)	Holandë (f)	[holándə]
Griekenland (het)	Greqi (f)	[grɛcí]
Denemarken (het)	Danimarkë (f)	[danimárkə]
Ierland (het)	Irlandë (f)	[irlándə]
IJsland (het)	Islandë (f)	[islándə]

Spanje (het)	Spanjë (f)	[spáɲə]
Italië (het)	Itali (f)	[italí]
Cyprus (het)	Qipro (f)	[cípro]
Malta (het)	Maltë (f)	[máltə]

Noorwegen (het)	Norvegji (f)	[norvɛɟí]
Portugal (het)	Portugali (f)	[portugalí]
Finland (het)	Finlandë (f)	[finlándə]
Frankrijk (het)	Francë (f)	[frántsə]

Zweden (het)	Suedi (f)	[suɛdí]
Zwitserland (het)	Zvicër (f)	[zvítsər]
Schotland (het)	Skoci (f)	[skotsí]

Vaticaanstad (de)	Vatikan (m)	[vatikán]
Liechtenstein (het)	Lichtenstein (m)	[litshtɛnstéin]
Luxemburg (het)	Luksemburg (m)	[luksɛmbúrg]
Monaco (het)	Monako (f)	[monáko]

148. Centraal- en Oost-Europa

Albanië (het)	Shqipëri (f)	[ʃcipərí]
Bulgarije (het)	Bullgari (f)	[buɫgarí]
Hongarije (het)	Hungari (f)	[huŋarí]
Letland (het)	Letoni (f)	[lɛtoní]

Litouwen (het)	Lituani (f)	[lituaní]
Polen (het)	Poloni (f)	[poloní]

Roemenië (het)	Rumani (f)	[rumaní]
Servië (het)	Serbi (f)	[sɛrbí]
Slowakije (het)	Sllovaki (f)	[słovakí]

Kroatië (het)	Kroaci (f)	[kroatsí]
Tsjechië (het)	Republika Çeke (f)	[rɛpublíka tʃékɛ]
Estland (het)	Estoni (f)	[ɛstoní]

Bosnië en Herzegovina (het)	Bosnje Herzegovina (f)	[bósɲɛ hɛrzɛgovína]
Macedonië (het)	Maqedonia (f)	[macɛdonía]
Slovenië (het)	Sllovenia (f)	[słovɛnía]
Montenegro (het)	Mali i Zi (m)	[máli i zí]

149. Voormalige USSR landen

| Azerbeidzjan (het) | Azerbajxhan (m) | [azɛrbajdʒán] |
| Armenië (het) | Armeni (f) | [armɛní] |

Wit-Rusland (het)	Bjellorusi (f)	[bjɛłorusí]
Georgië (het)	Gjeorgji (f)	[ɟɛorɟí]
Kazakstan (het)	Kazakistan (m)	[kazakistán]
Kirgizië (het)	Kirgistan (m)	[kirgistán]
Moldavië (het)	Moldavi (f)	[moldaví]

| Rusland (het) | Rusi (f) | [rusí] |
| Oekraïne (het) | Ukrainë (f) | [ukraínə] |

Tadzjikistan (het)	Taxhikistan (m)	[tadʒikistán]
Turkmenistan (het)	Turkmenistan (m)	[turkmɛnistán]
Oezbekistan (het)	Uzbekistan (m)	[uzbɛkistán]

150. Azië

Azië (het)	Azia (f)	[azía]
Vietnam (het)	Vietnam (m)	[viɛtnám]
India (het)	Indi (f)	[indí]
Israël (het)	Izrael (m)	[izraél]

China (het)	Kinë (f)	[kínə]
Libanon (het)	Liban (m)	[libán]
Mongolië (het)	Mongoli (f)	[moŋolí]

| Maleisië (het) | Malajzi (f) | [malajzí] |
| Pakistan (het) | Pakistan (m) | [pakistán] |

Saoedi-Arabië (het)	Arabia Saudite (f)	[arabía saudítɛ]
Thailand (het)	Tajlandë (f)	[tajlándə]
Taiwan (het)	Tajvan (m)	[tajván]
Turkije (het)	Turqi (f)	[turcí]
Japan (het)	Japoni (f)	[japoní]
Afghanistan (het)	Afganistan (m)	[afganistán]
Bangladesh (het)	Bangladesh (m)	[baŋladéʃ]

| Indonesië (het) | Indonezi (f) | [indonɛzí] |
| Jordanië (het) | Jordani (f) | [jordaní] |

Irak (het)	Irak (m)	[irak]
Iran (het)	Iran (m)	[irán]
Cambodja (het)	Kamboxhia (f)	[kambódʒia]
Koeweit (het)	Kuvajt (m)	[kuvájt]

Laos (het)	Laos (m)	[láos]
Myanmar (het)	Mianmar (m)	[mianmáɾ]
Nepal (het)	Nepal (m)	[nɛpál]
Verenigde Arabische Emiraten	Emiratet e Bashkuara Arabe (pl)	[ɛmirátɛt ɛ baʃkúara arábɛ]

| Syrië (het) | Siri (f) | [sirí] |
| Palestijnse autonomie (de) | Palestinë (f) | [palɛstínə] |

| Zuid-Korea (het) | Korea e Jugut (f) | [koréa ɛ júgut] |
| Noord-Korea (het) | Korea e Veriut (f) | [koréa ɛ vériut] |

151. Noord-Amerika

Verenigde Staten van Amerika	Shtetet e Bashkuara të Amerikës	[ʃtétɛt ɛ baʃkúara tə amɛríkəs]
Canada (het)	Kanada (f)	[kanadá]
Mexico (het)	Meksikë (f)	[mɛksíkə]

152. Midden- en Zuid-Amerika

Argentinië (het)	Argjentinë (f)	[arɟɛntínə]
Brazilië (het)	Brazil (m)	[brazíl]
Colombia (het)	Kolumbi (f)	[kolumbí]

| Cuba (het) | Kuba (f) | [kúba] |
| Chili (het) | Kili (m) | [kíli] |

| Bolivia (het) | Bolivi (f) | [bolivi] |
| Venezuela (het) | Venezuelë (f) | [vɛnɛzuélə] |

| Paraguay (het) | Paraguai (m) | [paraguái] |
| Peru (het) | Peru (f) | [pɛrú] |

Suriname (het)	Surinam (m)	[surinám]
Uruguay (het)	Uruguai (m)	[uruguái]
Ecuador (het)	Ekuador (m)	[ɛkuadór]

| Bahama's (mv.) | Bahamas (m) | [bahámas] |
| Haïti (het) | Haiti (m) | [haíti] |

Dominicaanse Republiek (de)	Republika Dominikane (f)	[rɛpublíka dominikánɛ]
Panama (het)	Panama (f)	[panamá]
Jamaica (het)	Xhamajka (f)	[dʒamájka]

153. Afrika

Egypte (het)	Egjipt (m)	[ɛɟípt]
Marokko (het)	Marok (m)	[marók]
Tunesië (het)	Tunizi (f)	[tunizí]
Ghana (het)	Gana (f)	[gána]
Zanzibar (het)	Zanzibar (m)	[zanzibár]
Kenia (het)	Kenia (f)	[kénia]
Libië (het)	Libia (f)	[libía]
Madagaskar (het)	Madagaskar (m)	[madagaskár]
Namibië (het)	Namibia (f)	[namíbia]
Senegal (het)	Senegal (m)	[sɛnɛgál]
Tanzania (het)	Tanzani (f)	[tanzaní]
Zuid-Afrika (het)	Afrika e Jugut (f)	[afríka ɛ júgut]

154. Australië. Oceanië

Australië (het)	Australia (f)	[australía]
Nieuw-Zeeland (het)	Zelandë e Re (f)	[zɛlándə ɛ ré]
Tasmanië (het)	Tasmani (f)	[tasmaní]
Frans-Polynesië	Polinezia Franceze (f)	[polinɛzía frantsézɛ]

155. Steden

Amsterdam	Amsterdam (m)	[amstɛrdám]
Ankara	Ankara (f)	[ankará]
Athene	Athinë (f)	[aθínə]
Bagdad	Bagdad (m)	[bagdád]
Bangkok	Bangkok (m)	[baŋkók]
Barcelona	Barcelonë (f)	[bartsɛlónə]
Beiroet	Bejrut (m)	[bɛjrút]
Berlijn	Berlin (m)	[bɛrlín]
Boedapest	Budapest (m)	[budapést]
Boekarest	Bukuresht (m)	[bukuréʃt]
Bombay, Mumbai	Mumbai (m)	[mumbái]
Bonn	Bon (m)	[bon]
Bordeaux	Bordo (f)	[bordó]
Bratislava	Bratislavë (f)	[bratislávə]
Brussel	Bruksel (m)	[bruksél]
Caïro	Kajro (f)	[kájro]
Calcutta	Kalkutë (f)	[kalkútə]
Chicago	Çikago (f)	[tʃikágo]
Dar Es Salaam	Dar es Salam (m)	[dar ɛs salám]
Delhi	Delhi (f)	[délhi]
Den Haag	Hagë (f)	[hágə]

Dubai	Dubai (m)	[dubái]
Dublin	Dublin (m)	[dúblin]
Düsseldorf	Dyseldorf (m)	[dysɛldórf]
Florence	Firence (f)	[firéntsɛ]

Frankfort	Frankfurt (m)	[frankfúrt]
Genève	Gjenevë (f)	[ɟɛnévə]
Hamburg	Hamburg (m)	[hambúrg]
Hanoi	Hanoi (m)	[hanói]
Havana	Havana (f)	[havána]

Helsinki	Helsinki (m)	[hɛlsínki]
Hiroshima	Hiroshimë (f)	[hiroʃímə]
Hongkong	Hong Kong (m)	[hoŋ kóŋ]
Istanbul	Stamboll (m)	[stambóɫ]
Jeruzalem	Jerusalem (m)	[jɛrusalém]
Kiev	Kiev (m)	[kíɛv]

Kopenhagen	Kopenhagen (m)	[kopɛnhágɛn]
Kuala Lumpur	Kuala Lumpur (m)	[kuála lumpúr]
Lissabon	Lisbonë (f)	[lisbónə]
Londen	Londër (f)	[lóndər]
Los Angeles	Los Anxhelos (m)	[lós andʒɛlós]

Lyon	Lion (m)	[lión]
Madrid	Madrid (m)	[madríd]
Marseille	Marsejë (f)	[marséjə]
Mexico-Stad	Meksiko Siti (m)	[méksiko síti]
Miami	Majami (m)	[majámi]

Montreal	Montreal (m)	[montrɛál]
Moskou	Moskë (f)	[móskə]
München	Munih (m)	[muníh]
Nairobi	Najrobi (m)	[najróbi]
Napels	Napoli (m)	[nápoli]

New York	Nju Jork (m)	[ɲu jork]
Nice	Nisë (m)	[nísə]
Oslo	oslo (f)	[óslo]
Ottawa	Otava (f)	[otáva]
Parijs	Paris (m)	[parís]

Peking	Pekin (m)	[pɛkín]
Praag	Pragë (f)	[prágə]
Rio de Janeiro	Rio de Zhaneiro (m)	[río dɛ ʒanéiro]
Rome	Romë (f)	[rómə]
Seoel	Seul (m)	[sɛúl]
Singapore	Singapor (m)	[siŋapór]

Sint-Petersburg	Shën Petersburg (m)	[ʃən pɛtɛrsbúrg]
Sjanghai	Shangai (m)	[ʃaŋái]
Stockholm	Stokholm (m)	[stokhólm]
Sydney	Sidney (m)	[sidnéy]
Taipei	Taipei (m)	[taipéi]
Tokio	Tokio (f)	[tókio]
Toronto	Toronto (f)	[torónto]

Venetië	**Venecia** (f)	[vɛnétsia]
Warschau	**Varshavë** (f)	[varʃávə]
Washington	**Uashington** (m)	[vaʃiŋtón]
Wenen	**Vjenë** (f)	[vjénə]

www.ingramcontent.com/pod-product-compliance
Lightning Source LLC
Chambersburg PA
CBHW070556050426
42450CB00011B/2885